بسم الله الرحمن الرحيم

صراع الصلاحيات بين فتح وحماس في إدارة السلطة الفلسطينية

2007–2006

إعداد

مريم عيتاني

تحرير

د. محسن محمد صالح

مركز الزيتونة للدراسات والاستشارات – بيروت

Conflict of Authorities between Fatah and Hamas in Managing the Palestinian Authority 2006 - 2007

By:
Mariam Itani
Edited By:
Dr. Mohsen M. Saleh

بيروت – لبنان

ISBN 978 - 9953 - 500 - 04 - 1

مركز الزيتونة للدراسات والاستشارات
ص.ب: 5034–14 بيروت – لبنان
تلفون: 644 303 1 961+
تلفاكس: 643 303 1 961+
بريد إلكتروني: info@alzaytouna.net
الموقع: www.alzaytouna.net

تصميم الغلاف
الحارث عدلوني
مريم غلاييني

طباعة
Golden Vision sarl +961 1 362987

فهرس المحتويات

3

تقديم

كان إجراء انتخابات حرة نزيهة شفافة، لانتخاب أعضاء المجلس التشريعي الفلسطيني، إنجازاً يُحسب للسلطة الفلسطينية، ونموذجاً حضارياً في العلاقة بين القوى والتيارات الفلسطينية المختلفة، قلّ نظيره في العالم العربي.

غير أن "الفرحة لم تتم" عندما بدأت حرارة الاختلاف في التصاعد بين طرفٍ شعر أنه خسر شيئاً يملكه، ويريد استرداده بأسرع وقت، وبين طرفٍ شعر أنه حاز على ثقة الشعب، ويريد أن يستلم الصلاحيات ويحقق الانجازات بأسرع وقت.

احتفظت فتح بسيطرتها على منظمة التحرير الفلسطينية، وعلى منصب رئاسة السلطة، كما احتفظت بسيطرتها عملياً على الأجهزة الأمنية، وعلى جهاز الخدمة المدنية؛ بينما سيطرت حماس على المجلس التشريعي وعلى حكومة السلطة. ودخل الطرفان في صراع على الصلاحيات، خسر فيه الطرفان، وعانى معهما الشعب الفلسطيني؛ في الوقت الذي سعت فيه "إسرائيل" والولايات المتحدة لتأجيج الخلاف وتغليب طرف على آخر.

يحاول هذا الكتاب، تقديم دراسة موضوعية لصراع الصلاحيات بين فتح وحماس في أثناء قيادتهما لمؤسسات الحكم الذاتي، منذ أن فازت حماس في الانتخابات في 2006/1/25، وحتى تشرين الأول/أكتوبر 2007. ويُسلّط الكتاب الضوء على الجوانب القانونية، وكيف تم توظيفها من قبل الطرفين. ولأن الساحة الفلسطينية تشهد حالة من الشدّ والتنافر بين قطبيها (فتح وحماس)، فإن مثل هذه

المواضيع تكتسب حساسية خاصة، حيث إنَّ لكل طرف رؤيته وروايته. ولذلك فقد سعت الدراسة قدر الإمكان إلى تقديم طرحٍ موضوعي موثقٍ ومتوازن. وإذا كان ثمة خطأ في المعلوماتٍ أو التحليلً فهو غير مقصود، ونحن نرحّب بكل نقد أو نُصح أو توجيه.

المحرر

المقدمة

للصورة الأمنية المرتبكة صورة سياسية مقابلة، أكثر عمقاً وأبعاداً بنظر الكثيرين.

فالصورة الأمنية المختصرة: فلتان أمني عام، يغدو بعد فوز حماس في الانتخابات ساحات صراع وقتال.

والصورة السياسية المقابلة: فساد متغلغل في السلطة وغياب للرقابة، يصبح بعد فوز حماس حرب قرارات وإدارات.

وفي المشهدين تدخلات خارجية ورغبات أمريكية وإسرائيلية... برنامج للمقاومة وبرنامج للتسوية... فساد ومصالح شخصية وبرامج إصلاحية.

والسلطة "الفتحاوية" أربكها فوز حماس المفاجئ عندما وجدت نفسها أمام واقع جديد يطالبها بالتخلي عن الكثير من صلاحياتها، فآثرت رفضه وتحديه. أما حماس، الصاعدة حديثاً بطموحاتها في الإصلاح، فلم تسكت عن حقّها في تسلُّم السلطة، فكان "صراع الصلاحيات" صراعاً لا يقل عن الاقتتال الداخلي حدّة أو وتيرة، أسلحته تتراوح بين تصريحات وقرارات ومراسيم وإجراءات وعصيان مدني؛ لتصل في الذروة إلى اعتداءات مباشرة على النواب والوزراء أو المقرّات الحكومية والأمنية.

البدايات... إصلاح وإصلاح مقابل:

منذ اتفاقية أوسلو Oslo Agreement، تولّت حركة فتح قيادة السلطة الفلسطينية، وشكّلت هي وأنصارها الغالبية العظمى للوزراء والمناصب الإدارية العليا؛ بل ولمعظم المنتسبين والعاملين في الجهاز

الأمني والحكومي. غير أن السلطة عانت من فساد وترهّل متأصل في الإدارات والمؤسسات، مما جعل الشعب الفلسطيني يتطلع نحو التغيير، ومهّد الطريق لفوز حماس "الفتيّة" وبرنامجها الإصلاحي في الانتخابات التشريعية مطلع سنة 2006.

وبعد أيام من إعلان نتائج الانتخابات التشريعية، قامت "السلطة الفلسطينية – فتح" بالكشف عن ملفات فساد، في 2006/2/5، في خطوة قد تبدو طبيعية، لكن توقيتها هذا فسّره الكثيرون على أنه محاولة من أبي مازن لاستباق خطوات حماس الإصلاحية، وتأكيداً لبرنامجه الإصلاحي وسعيه للوفاء بما وعد به الشعب الفلسطيني من استقرار. لكن هذه الخطوة بقيت مجرد اتهامات تضمنها خطاب النائب العام، ودون أسماء، ليخفت من ثم الحديث عنها أمام عدة حيثيات وأحداث أخرى.

كما أن برنامج أبي مازن الإصلاحي الذي ظلّ ينادي به منذ أن كان رئيساً لمجلس الوزراء، بدأ يتضح شيئاً فشيئاً على أنه مجرد سعي منه لإمساك جميع الخيوط للتمكن من إتمام صفقة تسوية "مستقرة" ومرضية، خصوصاً للأطراف الدولية، تحديداً الولايات المتحدة و"إسرائيل". وبالتالي فإن التحدي الأكبر والرئيسي لمحمود عباس هو في قدرته على وقف المقاومة وسحب سلاح الفصائل، وهو ما كان بدأ بتنفيذه سابقاً تحت شعارات مختلفة، مثل "سلطة واحدة وسلاح واحد" و"إصلاح الأجهزة الأمنية"؛ حيث أقال خلال العام 2005 تسعة من كبار قادة الأمن، وأحال أكثر من ألف ضابط بينهم قادة كبار إلى التقاعد ساعياً للإطاحة بالحرس القديم. وحلّ عباس حينها (كان رئيساً للوزراء) مجلس الأمن القومي الأعلى، وأعاد تشكيله

ليكون تحت رئاسة رئيس الوزراء مباشرة بعد أن كان بيد الرئيس، وعمل بالمقابل على ترقية تيار محمد دحلان؛ فعيّن قائده رشيد أبو شباك مسؤولاً عن الجهاز الأمني الوقائي في الضفة والقطاع، وقام بإدراج حوالي 15 ألف من عناصر المجموعات المسلحة التابعة لفتح على سلم رواتب الموظفين، كل هذا بدعم وضغط أمريكي مباشر[1].

كل ما سبق أسهم في إضعاف السلطة الفلسطينية كسلطة قانون أكثر فأكثر. فالأجهزة الأمنية بقياداتها الجديدة وممارساتها أرست مظاهر الانفلات الأمني وتجاوز القانون، حيث كانت بالإضافة إلى عدم انضباطها وفسادها الإداري والمالي، تتدخل في حياة المواطنين وتمارس عمليات الخطف والابتزاز وتتصارع فيما بينها أحياناً.

كما قامت هذه الأجهزة بدعم من قياداتها وقيادة السلطة، بتهميش دور القضاء، وتحويله إلى أداة أو إلغائه في أحيان أخرى، فتجاوزت مثلاً قرارات محكمة العدل الفلسطينية العليا، حين أمرت المحكمة بالإفراج عن قادة وناشطي المقاومة، كما تعرضت بعض قيادات هذه الأجهزة لاتهامات بالتنسيق مع الاحتلال ضدّ المقاومين الفلسطينيين، وبعلاقات مشبوهة مع جهات خارجية[2].

---

[1] معين الطناني، "التغييرات في الأجهزة الأمنية الفلسطينية،" مجلة مركز التخطيط الفلسطيني، العدد 18، نيسان/أبريل ─ حزيران/يونيو 2005، انظر:
http://www.oppc.pna.net

[2] انظر: تقرير حول أوضاع السلطة القضائية الفلسطينية في العام 2005، مركز المعلومات الوطني الفلسطيني، في:
http://www.pnic.gov.ps/arabic/gover/derasat 9.html؛ وأوضاع السلطة القضائية في عهد السلطة الوطنية الفلسطينية، مركز المعلومات الوطني الفلسطيني، نقلاً عن المركز الفلسطيني للبحوث السياسية والمسحية، في:
http://www.pnic.gov.ps/arabic/gover/derasat/derasat 2.html؛ وصالح النعامي، "الفلتان الأمني في السلطة.. مخاطر التوظيف الإسرائيلي،" موقع الجزيرة نت، 2005/6/22.

هذه الحالة من ترهل السلطة، وتغييب دور القانون أمام المصالح الخاصة والرغبات الخارجية، أدّت لاحقاً مع وصول حماس للسلطة ببرنامجها الإصلاحي والتمسك بالمقاومة إلى صراع لا مفرّ منه. فلم يكن من السهل على الرئيس الفلسطيني محمود عباس أن يرى ثمرة صراعه الطويل مع الرئيس الراحل ياسر عرفات على صلاحيات رئيس الوزراء في يد حكومة "غير فتحاوية"، بل وذات برنامج مختلف تماماً. ولم يكن هذا بالأمر الهين على الولايات المتحدة الأمريكية و"إسرائيل" أيضاً، وهما اللتان دعمتا عباس في صراعه السابق.

من ناحية أخرى، فإنه لم يكن من السهل أيضاً على حكومة حماس أن تجد نفسها "حكومة بلا صلاحيات"، وهي المطالبة من قِبَل الشعب بالإصلاح والمنتخبة على هذا الأساس، فظلّت تطالب بحقوقها من الصلاحيات، وهي الحقوق التي يرى أكثرية المراقبين أنها لم تنلها منذ استلامها للسلطة.

وإذا كان قد حلا للبعض تصوير صراع الصلاحيات على أنه صراع استيلاء من قبل حماس على السلطة اختتم بـ"مرحلة الحسم" في غزة، وصوره البعض الآخر على أنه صراع تمسك وتعنت من قبل فتح بالسلطة التي آن لها التخلي عنها، فإن هذه الدراسة تسعى لإلقاء الضوء على هذا الصراع، وأبرز محطاته بموضوعية من منطلق أن المعيار الأول والأخير في حسم أمر هذه الصلاحيات هو قوانين السلطة الفلسطينية ذاتها، والقانون الأساسي المعدّل الذي يعدّ بمثابة الدستور لهذه السلطة.

أولاً: خلفية قانونية

يعدّ القانون الأساسي المعدّل بمثابة الدستور المؤقت للدولة الفلسطينية، وعليه يكون هو المحدد لشكل الحكم والسلطات وصلاحياتها. ويستند هذا القانون على القانون الأساسي الذي صادق عليه المجلس التشريعي الفلسطيني عام 1997، ثم أقرّه الرئيس عرفات نهاية أيار/ مايو 2002 وأدخل حيز التنفيذ في تموز/ يوليو من العام نفسه. وفي آذار/ مارس 2003، وبعد عدة ضغوط أمريكية، تمّ تعديل هذا القانون، واستحداث منصب رئاسة الوزراء، وهو ما أدى إلى إصدار "القانون الأساسي المعدّل" واعتماده مرجعية دستورية للدولة الفلسطينية.

غير أن هذا القانون يحوي عدة ثغرات ويغفل عن بعض الأساسيات. ولعل من أبرز ثغراته ما يرد في مقدمته:

وقد ارتأى المجلس أثناء مناقشة القانون المعدّل أن لا ضرورة لإضافة بعض العبارات المتعلقة بعرض كل ما يتعلق بالحكومة؛ من تشكيل وإقالة واستقالة من قبل رئيس مجلس الوزراء على رئيس السلطة الوطنية الفلسطينية، وذلك باعتبار هذا الأمر عرفاً سياسياً أجمع المجلس عليه أثناء مناقشاته دون حاجة إلى إفراده في مادة في متن القانون.

1. الصلاحيات حسب القانون الأساسي المعدّل:

يحدد القانون الأساسي المعدّل صلاحيات كل من رئيس السلطة والسلطات التشريعية والتنفيذية والقضائية على الشكل التالي[3]:

---

[3] القانون الأساسي الفلسطيني المعدّل، مركز المعلومات الوطني الفلسطيني، انظر:
http://www.pal-plc.org/arabic/basiclaw.html

أ. رئيس السلطة الفلسطينية:

يتناول الباب الثالث في القانون الأساسي المعدّل واجبات الرئيس الفلسطيني وصلاحياته، وتنصّ المادة 39 على أن رئيس السلطة الوطنية هو أيضاً القائد الأعلى للقوات الفلسطينية.

والرئيس الفلسطيني بحسب المادة 40 هو المسؤول عن تعيين ممثلي السلطة لدى الدول والمنظمات الدولية والهيئات الأجنبية وإنهاء مهامهم، وكذلك اعتماد ممثلي هذه الجهات لدى السلطة الفلسطينية. كما أن الرئيس الفلسطيني وبحسب المادة 45 مكلف باختيار رئيس الوزراء وتكليفه بتشكيل حكومته.

أما بالنسبة للقوانين، فعلى الرئيس إصدارها بعد إقرارها من المجلس التشريعي خلال مهلة 30 يوماً من تاريخ إحالتها إليه، وله أن يعيدها إلى المجلس خلال المهلة ذاتها، مشفوعة بملاحظاته وأسباب اعتراضه ليعاد التصويت عليها، فإذا أقرّت ثانية بأغلبية الثلثين عدّت قانوناً. أما إذا انتهت المهلة ولم يصدر الرئيس القانون أو يردّه فيعدّ القانون مقراً وينشر في الجريدة الرسمية (مادة 41).

ويحقّ للرئيس الفلسطيني ما يلي:

- حقّ العفو الخاص عن العقوبة أو تخفيضها، أما العفو العام أو العفو عن الجريمة فلا يكون إلا بقانون. (مادة 42)

- إصدار قرارات لها قوة القانون، فقط في حالات الضرورة، التي لا تحتمل التأخير في غير أدوار انعقاد المجلس التشريعي. غير أن هذه القوانين يجب عرضها على المجلس في أول جلسة يعقدها بعد صدورها، فإذا لم يقرّها بطلت. (مادة 43)

- إقاله أو قبول استقالة رئيس الوزراء، وكذلك يحقّ له أن

يطلب من رئيس الوزراء دعوة المجلس الوزاري للانعقاد. (مادة 45)

ب. مجلس الوزراء:

يحدد الباب الخامس تحت عنوان "السلطة التنفيذية" ما يتعلق بمجلس الوزراء وصلاحياته، وتنصّ المادة 63 على أن:

> مجلس الوزراء [الحكومة] هو الأداة التنفيذية والإدارية العليا التي تضطلع بمسؤولية وضع البرنامج الذي تقره السلطة التشريعية موضع التنفيذ، وفيما عدا ما لرئيس السلطة الوطنية من اختصاصات تنفيذية يحددها القانون الأساسي، تكون الصلاحيات التنفيذية والإدارية من اختصاص مجلس الوزراء.

وبعد تكليفه من قبل رئيس السلطة واختيار حكومته ونيل الثقة عليها من المجلس التشريعي، يمارس رئيس الوزراء ما يلي:

- تشكيل مجلس الوزراء أو تعديله أو إقالة أو قبول استقالة أي عضو أو ملء الشاغر فيه.
- دعوة مجلس الوزراء للانعقاد في جلسته الأسبوعية أو عند الضرورة، أو بناء على طلب رئيس السلطة الوطنية، ويضع جدول أعماله، وكذلك ترؤس جلسات مجلس الوزراء وإدارة كل ما يتعلق بشؤونه، ومنه توقيع اللوائح أو الأنظمة التي يصادق عليها مجلس الوزراء وإصدارها، وتعيين نائب له من بين وزرائه ليقوم بأعماله عند غيابه.
- الإشراف على أعمال الوزراء والمؤسسات العامة التابعة للحكومة.
- إصدار القرارات اللازمة في حدود اختصاصاته وفقاً للقانون.

أما فيما يخصّ مجلس الوزراء، فحددت المادة 69 اختصاصاته وأبرزها ما يلي:

• وضع السياسة العامة في حدود اختصاصه، وفي ضوء البرنامج الوزاري المصادق عليه من المجلس التشريعي، وتنفيذ السياسات العامة المقررة من السلطات الفلسطينية المختصة. وكذلك وضع الموازنة العامة لعرضها على المجلس التشريعي.

• إعداد الجهاز الإداري، ووضع هياكله، وتزويده بكافة الوسائل اللازمة، والإشراف عليه ومتابعته.

• متابعة تنفيذ القوانين وضمان الالتزام بأحكامها، واتخاذ الإجراءات اللازمة لذلك، والإشراف على أداء الوزارات، وسائر وحدات الجهاز الإداري، لواجباتها واختصاصاتها، والتنسيق فيما بينها.

• مسؤولية حفظ النظام العام والأمن الداخلي.

• إنشاء أو إلغاء الهيئات والمؤسسات والسلطات أو ما في حكمها من وحدات الجهاز الإداري التي يشملها الجهاز التنفيذي التابع للحكومة، على أن ينظم كل منها بقانون، ومن ضمن هذا الاختصاص أيضاً تعيين رؤساء الهيئات والمؤسسات المشار إليها أعلاه والإشراف عليها وفقاً لأحكام القانون.

• تحديد اختصاصات الوزارات والهيئات والسلطات والمؤسسات التابعة للجهاز التنفيذي كافة، وما في حكمها.

كما تشير المادة 70 إلى أنه على كل وزير في إطار وزارته اقتراح السياسة العامة لوزارته، والإشراف على تنفيذها، وسير العمل وإصدار التعليمات اللازمة لذلك، ويجوز له تفويض بعض سلطاته

إلى وكيل الوزارة، أو غيره من موظفي الإدارة العليا في وزارته، في حدود القانون.

أما جلسات مجلس الوزراء فتعقد بدعوة من رئيس الوزراء ولا يجوز لغير الوزراء حضور هذه الجلسات، إلا بناء على دعوة مسبقة من رئيس الوزراء. ورئيس الوزراء مسؤول أمام رئيس السلطة الوطنية عن أعماله وعن أعمال حكومته. أما الوزراء فمسؤولون أمام رئيس الوزراء كل في حدود اختصاصه وعن أعمال وزارته، والكل، أي رئيس الوزراء وأعضاء حكومته، مسؤولون مسؤولية فردية وتضامنية أمام المجلس التشريعي.

ج. المجلس التشريعي:

يعرّف الباب الرابع المجلس التشريعي على أنه السلطة التشريعية المنتخبة، ومن أبرز مسؤولياته، إضافة إلى تشريع القوانين، إقرار الخطّة العامة للتنمية والموازنة العامة. والمجلس التشريعي هو سيد نفسه؛ إذ أنه هو من يقبل استقالة أعضائه، ويضع نظامه الداخلي وقواعد مساءلة أعضائه، وله وحده دور المحافظة على النظام والأمن في أثناء جلساته أو أعمال لجانه (لا يجوز لرجال الأمن التواجد في أرجاء مقرّ المجلس إلا بناء على طلب رئيس المجلس).

ويجوز لعشرة من أعضاء المجلس التشريعي التقدم بطلب سحب الثقة من الحكومة أو من أحد الوزراء، بعد عملية استجواب، ولا يجوز التصويت على هذا الطلب إلا بعد مضي ثلاثة أيام على الأقل من تقديمه، ويصدر القرار بموافقة أغلبية أعضاء المجلس، ويترتب على هذا الطلب انتهاء ولاية من سحبت منه الثقة. كما يحقّ للمجلس أن يكوّن لجنة خاصة، أو يكلف إحدى لجانه، من أجل تقصي الحقائق

15

في أي أمر عام، أو في إحدى الإدارات العامة.

ويتمتع أعضاء المجلس التشريعي بالحصانة، إذ تشير المادة 53 إلى أنه لا تجوز مساءلة أعضاء المجلس التشريعي جزائياً أو مدنياً بسبب الآراء التي يبدونها، أو الوقائع التي يوردونها، أو لتصويتهم على نحو معين في جلسات المجلس التشريعي أو في أعمال اللجان، أو لأي عمل يقومون به خارج المجلس التشريعي من أجل تمكينهم من أداء مهامهم النيابية، كما لا يجوز التعرض لعضو المجلس التشريعي بأي شكل من الأشكال، ولا إجراء أي تفتيش في أمتعته أو بيته أو محلّ إقامته أو سيارته أو مكتبه، وبصفة عامة أي عقار أو منقول خاص به طيلة مدة الحصانة، التي لا يجوز لعضو المجلس التشريعي التنازل عنها من غير إذن مسبق من المجلس.

د. مواد أخرى: المالية العامة، والطوارئ، والأمن، والقضاء:

• المالية العامة:

تنصّ المادة 91 على أنه:

يؤدى إلى الخزينة العامة جميع ما يقبض من الإيرادات بما فيها الضرائب والرسوم والقروض والمنح، وكل الأرباح والعوائد التي تعود على السلطة الوطنية الفلسطينية من إدارة أملاكها أو نشاطها، ولا يجوز تخصيص أي جزء من أموال الخزينة العامة أو الإنفاق منها لأي غرض، مهما كان نوعه، إلا وفق ما يقرره القانون.

• حالة الطوارئ:

تحدد (المادة 110 – الباب السابع) أحكام حالة الطوارئ، فتنص على جواز إعلانها عند وجود تهديد للأمن القومي بسبب حرب

أو غزو أو عصيان مسلح أو حدوث كارثة طبيعية، بمرسوم من رئيس السلطة الوطنية، لمدة لا تزيد عن 30 يوماً، ويجوز تمديدها لمدة 30 يوماً أخرى بعد موافقة المجلس التشريعي الفلسطيني بأغلبية ثلثي أعضائه.

ويحقّ للمجلس التشريعي، بحسب المادة ذاتها، أن يراجع الإجراءات والتدابير كلها أو بعضها، التي اتخذت أثناء حالة الطوارئ وذلك لدى أول اجتماع عند المجلس، عقب إعلان حالة الطوارئ أو في جلسة التمديد، أيهما أسبق، وإجراء الاستجواب اللازم بهذا الشأن.

وتنصّ المواد اللاحقة (111–113) أنه "لا يجوز فرض قيود على الحقوق والحريات الأساسية إلا بالقدر الضروري لتحقيق الهدف المعلن في مرسوم إعلان حالة الطوارئ"، وعلى أن أي توقيف ناتج عن هذا الإعلان يراجع من قبل النائب العام أو المحكمة المختصة خلال مدة لا تتجاوز 15 يوماً من تاريخ التوقيف، وكذلك أنه لا يجوز خلال فترة الطوارئ حلّ المجلس التشريعي الفلسطيني أو تعطيله أو تعليق أحكام الباب المتعلق بهذه الحالة.

• قوات الأمن والشرطة والإدارة المحلية:

لا يوجد في القانون الأساسي المعدّل أي تفصيلات فيما يخصّ قوات الأمن والشرطة أو الإدارة المحلية، باستثناء المادة 69 (يختصّ مجلس الوزراء بمسؤولية حفظ النظام العام والأمن الداخلي) والمادة 39 (... الرئيس الفلسطيني هو أيضاً القائد الأعلى للقوات الفلسطينية)، ومادة لكل موضوع، تعرّفها وتنصّ على أن عملها وتنظيمها يكون بموجب قانون.

17

وبالعودة إلى هذه القوانين الخاصة، فقد عرّف قانون الخدمة المتعلق بقوى الأمن، في مادة 7، الأمن الوطني على أنه هيئة عسكرية نظامية تؤدي وظائفها وتباشر اختصاصاتها برئاسة وزير الأمن الوطني وتحت قيادة القائد العام. وتنصّ المادتان 8 و9 على أن تعيين القائد العام يكون بقرار من الرئيس، أما التعيين في وظائف رؤساء الهيئات، ومديرو المديريات، وقادة المناطق العسكرية والملحقين العسكريين، فيكون بقرار من وزير الأمن الوطني (الداخلية)، وبتنسيب من القائد العام بناء على توصية لجنة الضباط.

وتعرّف المادة 10 الأمن الداخلي على أنه هيئة أمنية نظامية تؤدي وظائفها وتباشر اختصاصاتها برئاسة وزير الداخلية وبقيادة مدير عام الأمن الداخلي، وهو الذي يصدر القرارات اللازمة لإدارة عملها وتنظيم شؤونها كافة. ويكون تعيين مدير عام الأمن الداخلي بقرار من الرئيس، وبتنسيب من مجلس الوزراء (المادة 11)، أما تعيين كل من: مدير عام الشرطة ونائبه، ومدير عام الأمن الوقائي ونائبه، ومدير عام الدفاع المدني ونائبه، ورؤساء الهيئات ومديري المديريات، فيكون بقرار من وزير الداخلية، وبتنسيب من مدير عام الأمن الداخلي، بناء على توصية لجنة الضباط (المادة 12). وفيما يخصّ جهاز المخابرات فهو أيضاً هيئة مستقلة مستثناة من اختصاص وزير الداخلية وتابعة للرئيس (المادة 13).

● السلطة القضائية:

يُخصَّص الباب السادس في القانون الأساسي المعدّل للسلطة القضائية، ويؤكد على كونها سلطة مستقلة تحدد طريقة تشكيلها واختصاصاتها، وتصدر أحكامها وفقاً لقانون خاص بها، وأنه لا يجوز لأية سلطة التدخل في القضاء أو شؤون العدالة.

18

ويحدد الباب مؤسسات السلطة القضائية بالمجلس الأعلى للقضاء والمحكمة الدستورية العليا والمحاكم الشرعية والدينية والعسكرية (والتي تحدّد المادة 101 اختصاصها بالنطاق العسكري فقط)... كما وتجيز المادة 102 إنشاء محاكم إدارية ذات اختصاصات محددة بقانون. وإلى أن يتمّ تشكيل المحكمة الدستورية العليا والمحاكم الإدارية، تتولى المحكمة العليا مهام هذه المحاكم. أما النائب العام فيعيّن بقرار من رئيس السلطة الوطنية بناءً على تنسيب من المجلس الأعلى للقضاء، وبمصادقة المجلس التشريعي الفلسطيني.

لكن القضاء الفلسطيني الحالي يعاني من عدة مشاكل. ولقد لخص تقرير نشره المركز الفلسطيني للبحوث السياسية والمسحية هذه المشاكل تحت ثلاثة عناوين رئيسية، وهي: غياب تسلسل واضح للسلطة داخل النظام القضائي، وأيضاً، فيما بينه وبين السلطة التنفيذية، وغياب القوانين والإجراءات الإدارية الموحدة بين الضفة الغربية وقطاع غزة، والنقص الشديد في العاملين المؤهلين، والمباني والتجهيزات والمراجع القانونية والأموال[4].

وفي تفصيلات هذه المشاكل، ذكر التقرير فشل السلطة التنفيذية في إعادة تأسيس مجلس قضائي أعلى، والذي عمد الرئيس الفلسطيني، أو وزير العدل، بدلاً عنه إلى تقلّد صلاحياته في إقامة المحاكم المناطقية والمحلية وإغلاقها، وفي التعيين والترقية وتخفيض المرتبة، والنقل والطرد والإحالة على التقاعد للقضاة على كل المستويات، وكذلك موظفي المحاكم، وفي تحديد الرواتب وتعويضات التقاعد. كما تمّ ربط منصب المدعي العام أو النائب العام بالسلطة التنفيذية، التي تقوم بإجراء التعيينات في هذا المنصب. وقد وسّع رئيس السلطة الفلسطينية من

---

[4] أوضاع السلطة القضائية في عهد السلطة الوطنية الفلسطينية، مصدر سابق.

نطاق تدخل السلطة التنفيذية، حين قام بتعيين رئيس جمعية المحامين الموحدة الجديدة في الضفة الغربية وقطاع غزة وأعضاء هيئتها الإدارية. وقد أدى التدخل المستمر للسلطة التنفيذية ورؤساء فروع الشرطة وأجهزة الأمن المختلفة في الشؤون القضائية، مثلاً، إلى استقالة النائب العام، فايز أبو رحمة، كما تمّ إقصاء بعض رجال القضاء عن مناصبهم من قبل السلطة التنفيذية بسبب بعض التصريحات أو القرارات التي اتخذتها محاكمهم. ثم إن السلطة الفلسطينية لم تحرز إلا تقدماً ضئيلاً في تبسيط القوانين والإجراءات الإدارية المتعددة والمعقدة السارية المفعول في الضفة الغربية وقطاع غزة. كما أنه وعلى الرغم من وجود مركز سلطة القضاء في غزة أساساً، فإن كثيراً من التشريعات الجديدة قد تمّت بمرسوم أو أمر، دون استشارة أو إشعار لدى الضفة الغربية[5].

ويعاني النظام القضائي أيضاً من نقص التعاون مع الجهات التي تفرض القانون. كما أن الافتقار إلى منهاج وطني موحد لتدريب الشرطة، يعيق أيضاً التعاون مع النظام القضائي. وهناك أيضاً مشكلة السجون، ونظام السجون سواء من الناحية الإدارية أم المادية. فهناك سلطة للسجون، ولكنها تفتقر بشدة إلى التجهيزات والهياكل والأنظمة، كما أنها لا تتمتع إلا بسيطرة محدودة على منشآتها[6].

2. الصلاحيات حسب الاتفاقات:

يغفل القانون الأساسي المعدّل عن الكثير من الصلاحيات والحالات، كما أنه غامض أحياناً بخصوص حالات وصلاحيات أخرى، بما في ذلك ما يتعلق بالنظام القضائي الفلسطيني، وتحديداً المحكمة العليا، وهي المخولة بالفصل في حال تنازع السلطات. لذلك

---

[5] المصدر نفسه.

[6] المصدر نفسه.

فإنه وبعدما تسببت أزمة الصلاحيات بتعطيل العديد من الإدارات، وبشلل في عدد من الأجهزة الرسمية، وبتفاقم حالة الفلتان الأمني والفوضى، كان المخرج المؤقت هو الاتفاق على هذه الصلاحيات بين قادة الطرفين (فتح وحماس). أولى هذه اللقاءات تمّ في غزة في 2006/5/6 لبحث أزمة الرواتب وتنازع الصلاحيات، وجمع عباس وهنية، لكنه لم ينته إلى أي نتيجة. ثم كانت عدة لقاءات واتفاقات للحدّ من أزمة الفلتان الأمني، وكذلك صراع الصلاحيات (ركزت أغلب اللقاءات والاتفاقات على الوضع الأمني والصلاحيات الأمنية)، كانت أبرز نتائجها:

- وثيقة الوفاق الوطني (2006/6/27) والتي نصّت على ضرورة إصلاح وتطوير المؤسسة الأمنية، وضرورة تنظيم العلاقة مع المقاومة وتنظيم وحماية سلاحها، ودعت إلى العمل على إصدار قانون يمنع ممارسة العمل السياسي والحزبي لمنتسبي الأجهزة الأمنية، والالتزام بالمرجعية السياسية المنتخبة التي حددها القانون. كما تضمنت الوثيقة التمسك بخيار المقاومة في مواجهة الاحتلال، وتشكيل جبهة مقاومة موحدة، والاتفاق على احترام صلاحيات كلّ من الرئيس والحكومة بحسب ما وردت في القانون الأساسي[7].
- الاتفاق الموقّع بتاريخ 2006/12/19 برعاية الوفد المصري، وينصّ على سحب المسلحين من الشوارع، و"تولي وزارة الداخلية المسؤولية الكاملة عن حفظ الأمن في الشارع الفلسطيني"،

[7] نصّ وثيقة الوفاق الوطني، موقع عرب 48، 2006/6/28.

وتجنيب الأجهزة الأمنية التدخل في الخلافات السياسية[8].

- اتفاق مكة الموقّع في 2007/2/8، والذي نصّ على "تشكيل حكومة وحدة وطنية فلسطينية"، و"المضي قدماً في إجراءات تفعيل وتطوير وإصلاح منظمة التحرير الفلسطينية"، وأكّد فيه الطرفان مبدأ الشراكة، وكسر الاحتكار من قبل فتح لمؤسسات السلطة الفلسطينية، وإعادة تشكيل الأجهزة الأمنية على أسس وطنية ومهنية[9].

لكن كل هذه الاتفاقات لم تكن ذات أثر فعلي على أرض الواقع، وتمّ تجاوزها في الممارسات، تماماً كما تم تجاوز القانون الأساسي، خصوصاً من قبل الرئيس الفلسطيني ومساعديه.

[8] الاتفاق تم أيضاً برعاية منظمة المؤتمر الإسلامي بتاريخ 2006/12/19، انظر نصّ الاتفاق من موقع المنظمة:
http://www..oic.oci.org/press/arabic/2006/december2006/agreement pdf

[9] نصّ اتفاق مكة للوفاق الوطني، مركز المعلومات الوطني الفلسطيني:
http://www.pnic.gov.ps/arabic/gover/ministry_2007_3.htm

ثانياً: صراع الصلاحيات بعد فوز حماس في التشريعي

إذا كانت حالة الفلتان الأمني والاقتتال الداخلي تهدأ حيناً ثم تعود، فإن صراع الصلاحيات استمر منذ اللحظة الأولى لوصول حماس إلى السلطة، وكانت بوادره الأولى جملة من التعيينات وملء الشواغر والترقيات من قِبَل "رئاسة السلطة"، حيث شغلت مناصب ظلّت خالية لسنوات، وجلسة ختامية للمجلس التشريعي المنتهية ولايته، أقرّت فيها مجموعة من القوانين توسع من صلاحيات الرئيس الفلسطيني، لتليها جلسة افتتاحية "عاصفة" للمجلس الجديد (سيتمّ تناول الجلستين بالتفصيل لاحقاً).

وعلى الرغم من كل ما أثارته قيادات فتحاوية من مخاوف عما سيؤدي إليه تشكيل حكومة لحماس خصوصاً جراء عدم اعترافها بالاتفاقيات الموقعة، وعن السعي لإحلال "سلطة حمساوية" مكان "السلطة الفتحاوية"؛ فإن حماس صرحت أنها لا تسعى لاحتكار السلطة وأنها لن تميز بين أبناء الشعب الفلسطيني، وأنها ستضع معايير الكفاءة والمصلحة الوطنية في إدارتها للحكومة.

من الناحية العملية، استخدم التيار المتنفّذ في فتح وسائل ضغط رئيسية لإدارة صراعه مع حماس: النفوذ (السلطة) والمال والقوة والفوضى والعلاقات الخارجية، وضمنها تندرج المراسيم والقرارات والعصيان والتعيينات والترقيات غير القانونية والأوامر. أما حكومة حماس، فلم تكن تملك بالمقابل إلا شرعية شعبية وحقوق وصلاحيات يكفلها لها القانون، وإن لم تكن حينها بيدها، و"محاولات" لكسب دعم عربي وإسلامي.

23

كما أن الرئيس الفلسطيني محمود عباس يتمتع بدعم دولي تفتقد إليه حكومة حماس، وهو ما كان يبدو مثلاً في الزيارات والاستقبالات الرسمية وفي التمثيل على الصعيد الدولي. وبرز هذا أيضاً على المستوى الإعلامي وإن بشكل غير مباشر، من خلال وسائل الإعلام العربية والعالمية، فالرئيس محمود عباس هو الرئيس الفلسطيني أما الحكومة الفلسطينية فهي "حكومة حماس"، والأجهزة الأمنية التابعة لفتح تسمى بمسمياتها، أما القوة التنفيذية فهي دائماً ملحوقة بـ"التابعة لحماس".

وإلى جانب هذا الدعم، قام أبو مازن بتوظيف واستخدام منظمة التحرير الفلسطينية وأجهزتها و"شرعيتها" التي طالما كانت مثاراً للجدل. فالمنظمة التي تمتلك شرعية قانونية ينصّ عليها الميثاق الوطني، ومرجعية ينصّ عليها النظام الأساسي للسلطة تعاني ومؤسساتها حالة شبه موت خصوصاً بعد أن تمّ تعديل ميثاقها الوطني وشطبه لاحقاً وتلاشي دور مؤسساتها. كما أن اللجنة التنفيذية لهذه المنظمة تفتقد النصاب القانوني بغياب ثلث أعضائها، 7 من أصل 18، مما يثير التساؤل حول مدى قانونية الكيفية التي تمّ فيها اختيار محمود عباس رئيساً لهذه اللجنة. كما أن محمود عباس كان قد عمل سابقاً على تحويل ما تبقى من مؤسسات المنظمة إلى عهدة السلطة، فنقل مسؤوليات الصندوق القومي إلى وزارة المال، ومسؤولية السفارات الفلسطينية في الخارج إلى وزارة الخارجية، وتجاهل ما اتفق عليه في القاهرة يوم 2005/3/15 مع 12 تنظيماً وفصيلاً بضرورة "تفعيل المنظمة وتطويرها وفق أسس يتمّ التراضي عليها، بحيث تضمّ كل القوى والفصائل الفلسطينية".

كل هذا شكّل ذريعة تعللت بها حكومة حماس؛ للقفز فوق هذه

المرجعية فيما يخصّ نيل الثقة، واكتفت بنيل ثقة المجلس التشريعي المنتخب حديثاً، كورقة رابحة تستخدمها كلما حاول عباس استخدام ورقة المنظمة.

وقد برز صراع الصلاحيات بعد فوز حماس على عدة مستويات، وتجلى في عدة أحداث، سيتمّ تناولها بالتفصيل فيما يلي:

1. جلسة المجلس التشريعي السابق الختامية وجلسة المجلس التشريعي المنتخب الافتتاحية:

بعيد فوز حماس في الانتخابات، عقد المجلس التشريعي المنتهية ولايته، والمؤلف من أغلبية فتحاوية، جلسة في 2006/2/13، أُقرّت فيها تعديلات ومراسيم توسّع من سلطات الرئيس محمود عباس، وتقلّص من سلطات المجلس التشريعي الجديد الذي تمتلك فيه حماس أغلبية، وكذلك من صلاحيات الحكومة القادمة. وقد أعاد المجلس التشريعي الجديد طرح هذه المواد للتصويت؛ مما أثار أيضاً الكثير من الجدال.

أ. جلسة المجلس التشريعي المنتهية ولايته:

قبيل عقد الجلسة، عبّرت حركة حماس عن مخاوفها من "انقلاب أبيض ضدّ حماس تسعى إليه فتح" من خلال استحداث مناصب في بعض مؤسسات ووزارات السلطة، يشغلها قادة وكوادر في فتح، بالإضافة إلى العمل على تحويل العديد من الصلاحيات التي كفلتها القوانين الفلسطينية لرئيس الوزراء وتجييرها لصالح رئيس السلطة. وقال حسن خريشة، النائب المستقل الذي فاز بدعم حماس، "أتمنى أن تكون الجلسة وداعية للنواب السابقين، وأن لا يتمّ فيها بحث أي مقترح يستهدف تعديل أو إضافة أي قوانين أو تشريعات جديدة؛

لأن ذلك أصبح من مهام المجلس الجديد وليس من اختصاص المجلس المنتهية ولايته"[10].

وافتتح رئيس المجلس المنتهية ولايته روحي فتوح الجلسة الختامية لأعمال المجلس مؤكداً أن ولاية المجلس تظلّ قائمة إلى حين أداء الأعضاء الجدد اليمين الدستورية، وانتقد الضجيج الذي وصفه بالمفتعل وغير الموضوعي حول هذه الجلسة، وأضاف أن للمجلس أن يمارس صلاحياته ما استمرت ولايته. وردّ على ما تردد من أن الجلسة مخصصة لتعديل القانون الأساسي، بأن المجلس أسقط اقتراح تعيين نائب للرئيس، وتمكين الرئيس من حلّ البرلمان في الجلستين السابقتين. وأقرّ المجلس تعديلاً على قانون المحكمة الدستورية، وصادق على مراسيم وتعيينات رئاسية تصبّ في صالح الرئيس والسلطة "الفتحاوية"، أثارت العديد من ردود الفعل، خصوصاً حول مدى قانونيتها، فيما يلي أبرزها:

1. قانونية الجلسة ككل:

أبرز ردود الفعل تركزت حول قانونية الجلسة ككل، وفيما إذا كان يحقّ لهذا المجلس المنتهية ولايته، إقرار أي قوانين بغضّ النظر عن كون هذه القوانين مصيرية، حيث أنه في عرف جميع دول العالم يحلّ البرلمان عند الدعوة للانتخابات، أو يبقى منعقداً في بعض الحالات من باب عدم خلق فراغ سياسي لا أكثر.

عدنان عمر، المستشار القانوني للرئيس محمود عباس، أكّد أن ما أثير من ملاحظات حول ما أقرّه المجلس التشريعي لا يرتكز إلى أي أساس قانوني، بل جاء موافقاً للقانون ولا يشكل بأي حال من

---

[10] جريدة الغد، عمّان، 2006/2/13.

الأحوال تعدياً على اختصاصات المجلس المنتخب القادم. وشدد على أن جلسة المجلس التشريعي كانت جلسة قانونية بحكم المادة 47 من القانون الأساسي المعدّل بتاريخ 2005/8/13 والتي تنصّ على أنه: "تنتهي ولاية المجلس القائم عند أداء أعضاء المجلس الجديد المنتخب اليمين الدستورية". وأضاف أنه بذلك يحقّ للمجلس أن يباشر جميع اختصاصاته المنصوص عليها بالقانون الأساسي والنظام الداخلي، بما فيها سنّ القوانين، والمصادقة على القرارات المتعلقة بتعيين الأشخاص في المناصب العليا، موضحاً أنه على الرغم من الانتقاد المتعلق بعقد هذه الجلسة بعد انتخاب أعضاء المجلس التشريعي الجديد، إلا أن ما قام به المجلس في جلسته الاستثنائية، هو أمر يفرضه عليه القانون؛ حيث أن القانون يجيز لرئيس السلطة الوطنية في حال عدم انعقاد المجلس إصدار قرارات بقوة القانون، تعرض على المجلس التشريعي في أول جلسة لإقرارها، وحيث أن المجلس انعقد؛ فكان من واجباته أن يقرّ مجموعة من القرارات بقانونه الصادرة عن الرئيس. وأضاف أن المجلس أبرز حسن النوايا والخلق، عندما امتنع عن إقرار التعديلات المقدمة على القانون الأساسي منذ شهر تموز/ يوليو 2005، وترك إقرارها للمجلس القادم على الرغم من أنه كان بإمكانه القيام بذلك دون مانع قانوني[11].

وكان رئيس المجلس روحي فتوح تحدث خلال كلمته في الجلسة الختامية عن "حقّ المجلس في ممارسة صلاحياته حتى اليوم الأخير"، وهو ما أكده عدة أعضاء في المجلس ذاته، حيث رفض أمين سر المجلس أحمد نصر موقف حماس المعترض مؤكدا أن الجلسة "قانونية مائة بالمائة"، وقال "إذا كانوا في حماس لا يعلمون بالقانون البرلماني فهذا

[11] جريدة **القدس**، فلسطين، 2006/2/14، نقلاً عن وكالة الأنباء الفلسطينية (وفا).

شأنهم، فهم يتحملون خطأ تصريحاتهم، لكن هذه الجلسة قانونية ورسمية وبإمكان المجلس التشريعي السابق عقد جلسة أخرى قبل موعد جلسة التنصيب بيوم واحد". وأوضح أن القانون الأساسي الفلسطيني ينصّ على أن نهاية ولاية المجلس التشريعي القانونية تنتهي مع تسلم المجلس الجديد مهامه. وأضاف "في تقديري أن الإخوة في حماس ليس لديهم خبرة في العمل البرلماني وما زالوا يتعاملون من موقع المعارضة"[12].

أما حماس فوصفت هذه التعديلات بأنها "انقلاب أبيض"، ووسيلة لسلب صلاحيات التشريعي والحكومة، لمصلحة الرئاسة التي تسيطر عليها فتح. ورأى د. عزيز الدويك أحد نواب حماس الجدد، والذي انتخب بعد ذلك رئيساً للمجلس التشريعي الجديد، في عقد هذه الجلسة محاولة للالتفاف وإقرار قرارات تقيد عمل المجلس الجديد، لدرجة وصف فيها القرارات المتخذة بأنها "مقصلة" سلطت على عنق المجلس الجديد بطوق يصعب الإفلات منه. ولم يستبعد أن يقوم المجلس الجديد بمعاودة فتح هذه الملفات وإعادة مناقشتها لاحقاً. وقال أحمد مبارك الخالدي، عميد كلية الحقوق في جامعة النجاح، والذي شارك في كتابة الدستور الفلسطيني، إن هذه الجلسة غير قانونية؛ لأن هناك فرقاً بين الولاية والصلاحية، وعلى الرغم من أن هذا المجلس لم تنتهِ ولايته بعد، إلا أنه لا يمتلك صلاحية البتّ في أي قانون أو تعديل على القانون. وأضاف أن معظم أعضاء المجلس التشريعي المنتهية صلاحيته لم ينجحوا في الانتخابات الأخيرة، وبالتالي لا يملكون الصلاحية ولا الثقة لسنّ أية تشريعات جديدة

[12] جريدة **عكاظ**، السعودية، 2006/2/15.

خصوصاً بشأن تعيينات أو غيرها، في الوقت الضائع[13].

كما صرّح القيادي في حماس سعيد صيام بأن "التشريعي المقبل لن يعترف بأي خطوات استباقية اتخذها المجلس المنتهية صلاحيته" و"لن نعتبرها دستورية وسنعمل على إلغائها".

وحول إمكانية تعديل أو إلغاء ما أقرّ في هذه الجلسة، فقد قال الباحث في الدائرة القانونية في المجلس التشريعي عصام عابدين أنه "يمكن للتشريعي المقبل إلغاء هذه الإجراءات، لكنه يحتاج إلى مصادقة الرئيس الذي سيرفضها، وعندها ستكون حماس في حاجة إلى ثلثي أعضاء المجلس لكسر قرار الرئيس، وهو ما لا يتحقق لها". وأضاف: "خلال هذه العملية ستنشأ أزمة بين فتح وحماس"[14].

وكان عابدين قبيل عقد الجلسة قد طرح عدة ملاحظات قانونية حول الجلسة المطروحة، أبرزها أن أيّ قانون يصدر عن المجلس التشريعي، مخالف لأحكام القانون الأساسي المعدّل والنظام الداخلي للمجلس، هو قانون غير دستوري، وأنه لا يمكن للمجلس التشريعي الشروع في مناقشة هذه التعديلات التي تُشكل سابقة غير دستورية في مسيرة العمل التشريعي التي دأب عليها المجلس منذ نشأته. وذلك لأن الأصول الإجرائية القانونية والمستقرة في عملية إقرار مشاريع القوانين لا تبدأ مباشرة من القراءة الأولى. كما أن نصّ المادة 68 من النظام الداخلي واضح تماماً في هذا الشأن، إذ يؤكد على وجوب أن تجرى مناقشة مشاريع القوانين في "قراءتين منفصلتين" والانفصال يعني أن هناك حدوداً زمنية وموضوعية لكل قراءة، وأن الوصول إلى القراءة الثانية لأي مشروع قانون يعني حتماً الانتهاء من القراءة

---

[13] جريدة السبيل، عمّان، 2006/2/21.

[14] جريدة الحياة، لندن، 2006/2/14.

الأولى وما تمّ إرجاؤه منها بقرار من المجلس. بتعبير أوضح، فإن قرار المجلس المذكور يبقى سارياً، أي منسجماً مع الأصول الإجرائية القانونية، إلى أن تجرى القراءة الثانية للمشروع (مشروع القانون)، أمَا وقد جرت القراءة الثانية للمشروع وأعقبها مصادقة رئيس السلطة الفلسطينية عليه وتمّ نشره في الوقائع الفلسطينية في العدد 57 الصادر بتاريخ 2005/8/18، فأصبح بذلك قانوناً نافذاً، فلا يوجد أيّ مُسوغ قانوني للعودة من جديد إلى ما سُمي القراءة الأولى أو استكمالها، إذ "لم يعد لها وجود من الناحية القانونية أصلاً، وقرار المجلس لا يقوى على النصوص القانونية في جميع الأحوال". كما أضاف عابدين أنه لا سبيل لإجراء أي تعديلات على القانون الأساسي المعدّل إلاّ من خلال مشروع قانون جديد يخضع من جديد للأصول الإجرائية الخاصة بتعديل أحكام القانون الأساسي، والواردة في القانون الأساسي المعدّل والنظام الداخلي للمجلس التشريعي[15].

2. منح الرئيس صلاحية تشكيل المحكمة الدستورية:

تمّ إقرار التعديلات التي اقترحها الرئيس محمود عباس بخصوص صلاحية إنشاء المحكمة الدستورية، والتي ينصّ أبرزها على "أنه يتمّ التشكيل الأول للمحكمة بتعيين رئيس المحكمة بقرار من رئيس السلطة الفلسطينية بالتشاور مع مجلس القضاء الأعلى ووزير العدل، وتعيين رئيس وقضاة المحكمة بقرار من رئيس السلطة الفلسطينية بناء على تنسيب من الجمعية العامة للمحكمة الدستورية"؛ بدلاً من النصّ السابق الذي كان ينصّ على اشتراط مصادقة التشريعي على تشكيل المحكمة.

[15] جريدة **الأيام**، فلسطين، 2006/1/16.

وتكمن أهمية هذا التعديل في كون المحكمة الدستورية هي الجهة القضائية التي تبتّ في الخلافات بين السلطات الثلاث، وتشمل صلاحياتها الرقابة على دستورية القوانين، وبهذا فإن هذا التعديل يعطي الرئيس عباس فرصة رفض قرارت المجلس التشريعي، وإلغاء أي قانون قد يصادق عليه بحجة أنه مخالف للدستور، مما يعني أيضاً جعل السلطة الرقابية (القضاء) أداة بيد الرئيس.

وتعليقاً على هذا التعديل، صرّح عدنان عمر المستشار القانوني للرئيس عباس، أن قانون المحكمة الدستورية العليا كان أقرّه المجلس التشريعي وصادق عليه الرئيس بتاريخ 2005/12/29، غير أن هذا النصّ المصادق عليه من قبل الرئيس لم يكن هو النصّ الذي صادق عليه المجلس التشريعي بالقراءة الثالثة، فكان أن أرسل رئيس المجلس التشريعي النصّ المصادق عليه إلى الرئيس بتاريخ 2006/1/21، والمتضمن اختلافاً في المضمون عن النصّ الوارد في القانون المصادق عليه، وعليه قرر الرئيس الرجوع عن قرار المصادقة بتاريخ 2006/1/23 وردّ القانون للمجلس التشريعي مع ملاحظاته، وخصوصاً تلك المتعلقة باختيار رئيس قضاة المحكمة الدستورية، احتراماً لمبدأ فصل السلطات، وتمكين المحكمة من أداء دورها الرقابي، وتنفيذ ذلك قبل إجراء الانتخابات ووفقاً للمادة 41 من القانون الأساسي المعدّل، فإن ملاحظات الرئيس لا ترفض من المجلس التشريعي إلا بأغلبية الثلثين ويتمّ إقرارها بالأغلبية العادية[16].

---

[16] القدس، 2006/2/14، نقلاً عن وكالة وفا.

أما حماس فقد ردّت على لسان ناطق باسمها أنه "لا يمكن القبول بأن يكون رئيس السلطة المرجعية الدستورية الأولى"[17]. كما صرح النائب عن حماس في المجلس التشريعي أحمد عبد العزيز مبارك أن:

> هذا التعديل كان في الأصل ينصّ على أن أي تعيينٍ للقضاة في المحكمة الدستورية يتمّ بالتشاور بين رئيسٍ السلطة ورئيس الحكومة، لكن التعديل الذي أقرّ أراد أن يحصر الصلاحية فقط لرئيس السلطة، ومن شأن هذا التعديل أن يعطي الصلاحية للقضاة المعينين فقط من قبل رئيس السلطة البتّ في قوانين قد يضطر المجلس التشريعي مستقبلاً إلى الاحتكام لرأي المحكمة الدستورية فيها، وفي هذه الحالة ستكون المحكمة الدستورية منحازة إلى موقف الرئاسة.

وأضاف مبارك أن حماس ستطعن في هذا التعديل ولن تعدّه دستورياً بحكم أن الجلسة التي عُقدت في ظلّه لم تكن قانونية أيضاً، وأن النواب الذين صوتوا لصالح هذا التعديل لا يملكون الصلاحية لذلك[18].

3. مرسوم تعيين رئيس ديوان الموظفين:

شملت المراسيم الرئاسية التي صادق عليها المجلس التشريعي في الجلسة المذكورة أعلاه، مرسوماً يقضي بتعيين رئيس لديوان الموظفين تابع للرئاسة (عُيّن جهاد حمدان في هذا المنصب)، على الرغم من أن الرئيس محمود عباس كان قد خاض صراعاً مع الرئيس الراحل ياسر عرفات عام 2003 لتحويل هذا المنصب ذاته من سلطة الرئاسة إلى سلطة رئاسة الوزراء.

---

[17] الحياة، 2006/2/14.

[18] جريدة الشرق، قطر، 2006/2/15.

كما صادق المجلس على مرسومين رئاسيين آخرين بشأن تعيين فاروق الإفرنجي رئيساً لهيئة التقاعد ومحمود فريد أبو الرُّب رئيساً لديوان الرقابة المالية والإدارية. وقد برّر المستشار القانوني للرئيس عباس هذا التعيين في إطار تصديق المجلس على "تعيينات لمناصب صدرت قرارات بشأنها منذ مدة تزيد على ثلاثة أشهر، وكان لا بدّ من المصادقة على تعيينيهم لكي يتأتى لهم مباشرة أعمالهم في هيئة التأمين والمعاشات وديوان الرقابة الإدارية والمالية"[19].

وبغضّ النظر عن التعيينين الأخيرين، فإن تعيين رئيس لديوان الموظفين تابع للرئاسة (وفتح) يعني منح الرئيس سيطرة على قطاع الموظفين. وبموجبه، منح رئيس ديوان الموظفين الجديد إمكانية رفض إعطاء حكومة حماس فرصة تعيين أعداد جديدة من الموظفين الذين يرى أنهم مؤيدون لها في مناصب حكومية مهمة، أو غير مهمة، أو فصل أو استبدال موظفين ينتمون لفتح أو محسوبون عليها، حيث يُشكل هؤلاء الأغلبية الساحقة لموظفي السلطة (140 ألفاً)[20]، وهو ما يعني عملياً شلّ قدرة الحكومة التي تقودها حماس على تنفيذ برنامجها في الإصلاح والتغيير في الأجهزة الحكومية؛ وعدم القدرة على كسر احتكار حزب واحد للسلطة، والعجز عن تحويل الوزارات والمؤسسات إلى مؤسسات مفتوحة للجميع حسب معايير وطنية ومهنية.

[19] **القدس**، 2006/2/14، نقلاً عن وكالة وفا.
[20] **الحياة**، 2006/2/14.

وقد رأى الباحث في الدائرة القانونية في المجلس التشريعي عصام عابدين أن التعديل فيما يتعلق باختصاص مجلس الوزراء بشأن "التنسيب لدى رئيس السلطة الوطنية" في مسألة تعيين رؤساء الهيئات والمؤسسات من شأنه توسيع صلاحيات رئيس السلطة الفلسطينية غير المساءل أمام المجلس التشريعي، على حساب الحكومة المساءلة أمامه. وبذلك، فإن هذا التعديل المقترح يُغفل، أو يتجاهل، الهدف الذي وُجدت من أجله القاعدة الدستورية التي تؤكد على الصلاحيات الحصرية المخولة لرئيس السلطة الفلسطينية.بموجب نصّ المادة 38 من القانون الأساسي المعدّل: "يمارس رئيس السلطة الوطنية سلطاته ومهامه التنفيذية على الوجه المبين في هذا القانون". علاوة على ذلك، فإن هذا التعديل المقترح من شأنه أن يجعل صلاحيات مجلس الوزراء الواردة في المادة 69 غامضة ومتناقضة[21].

4. مرسوم تعيين أمين عام للتشريعي من خارج المجلس المنتخب:

صادق المجلس في جلسته الأخيرة، على مرسوم رئاسي يقضي بتعيين أمين عام للتشريعي يحلّ محلّ أمين سرّ المجلس الذي يشغله نواب منتخبون في العادة. وبموجب التعيين الجديد فإن الأمين العام سيكون مسؤولاً عن جميع موظفي المجلس، وعيّن إبراهيم خريشة لهذا المنصب، وهو من كوادر فتح، ومرشحها الذي لم يحالفه الحظ عن دائرة طولكرم، في خطوة ستمنع الحكومة الجديدة من إحداث أي تغيير في بنية المجلس التشريعي القائمة، بررتها فتح ضمن "تعديلات مقرة لتطوير المجلس اقترحتها في آذار الماضي [2005] لجنة إصلاح

---

[21] الأيام، فلسطين، 2006/1/16.

وتطوير التشريعي"[22].

5. مرسوم اعتبار النواب الجدد المنتخبين نواباً في المجلس الوطني:

أقرّ المجلس أيضاً تعديلاً على قانون الانتخابات العامة المعدّل رقم 13، أعاد فيه نصاً يقضي باعتبار أعضاء المجلس التشريعي المنتخبين أعضاء آلياً في المجلس الوطني لمنظمة التحرير، على الرغم من أن هذا البند لم يرد في القانون الأساسي، لكنه "سقط سهواً" على حدّ تعبير فتوح و"لم يحظ بأية قراءة في حينه، وأخذ على أنه أمر مفروغ منه"[23].

هذا المرسوم لم يثر ضجة بقدر المراسيم السابقة، لكنه عُدَّ، من قبل البعض، محاولة لوضع حماس في مؤسسات منظمة التحرير بحكم القانون؛ لتسريع عملية التعارض بين أفكار الحركة ومواقف المنظمة والضغط على حكومة حماس، وإبراز حالة التناقض بينها وبين التسوية السياسية.

ب. الجلسة الافتتاحية للمجلس التشريعي المنتخب:

في 2006/2/18 أدى المجلس التشريعي الجديد اليمين الدستورية، وانتخب عزيز الدويك رئيساً للمجلس. وبعد أيام اتخذ الدويك قراراً بتجميد جميع القرارات الصادرة عن المجلس القديم في جلسته الأخيرة؛ لإعادة التصويت عليها في جلسة المجلس التشريعي القادمة.

وقد صرّح عزيز الدويك بهذا الخصوص بأن "حماس لا تسعى إلى صدام مع أحد، لكن المجلس التشريعي القديم اتخذ قرارات هامة، في فترة لا يجوز أن يجري فيها طرح قضايا هامة، وخاصة من

---

[22] جريدة **الحياة الجديدة**، فلسطين، 2006/2/14.

[23] **المصدر نفسه**.

نواب خاضوا الانتخابات و لم يحالفهم الحظّ في نيل ثقة الشعب".
وأضاف الدويك أنه بناء على ذلك، "ارتأينا تجميد هذه القرارات،
وإعادة دراستها من قبل اللجنة القانونية في المجلس التشريعي، والتي
هي جزء من المجلس السابق، ونحن لم نأتِ برجال قانون جدد،
وإنما نفس الرجال الذين كانوا في السابق، وهم سيقررون قانونية
هذه الإجراءات"[24].

ورأى عزام الأحمد، رئيس كتلة فتح في البرلمان الجديد، أن
القرارات التي اتّخذها الدويك، القاضية بتجميد جميع التعيينات
والترقيات التي جرت خلال الفترة السابقة غير شرعيّة، وتشكّل بداية
"لمخالفة القوانين التي يبدو أن رئيس المجلس لم يُراجعها جيداً". وقال
إن قرار الدويك "ليس له علاقة بالقانون إطلاقاً، وإنما بالرغبة والمزاج
ليس أكثر من ذلك" حيث أنه لا يحقّ لأيّ رئيس مجلس تشريعي جديد
أن يُجمّد أو يُلغي قرارات مجلس تشريعي سابق، فعليه تبليغ المجلس
التشريعي، والتشريعي هو الذي يأخذ القرار بالتجميد أو الإلغاء أو
إعادة النظر. كما أضاف أن "الدويك فرض من نفسه ديكتاتوراً على
المجلس التشريعي، وهذا مرفوض تماماً، وبداية غير موفّقة إذا كانت
عن وعي، فهي بداية خاطئة لا بُدّ من التصدّي بقوّة لها"[25].

وفي 2006/3/6 عقد المجلس التشريعي الجديد جلسته الأولى، لكن
حركة فتح حاولت عرقلة عملية إعادة التصويت على هذه القرارات،
فرفض موظفو المجلس تقديم الملفات اللازمة لرئيس المجلس الجديد،
ورفضوا الردّ على الاتصالات والهواتف الداخلية تأكيداً للولاء لفتح،
كما كانت هناك مقاطعات كثيرة لحديث الدويك من قبل نواب فتح

---

[24] مقابلة مع عزيز الدويك، موقع المركز الفلسطيني للإعلام، 2006/2/21.
[25] وكالة وفا، 2006/2/22.

بدون إذن، ليقوموا بعد ذلك بالانسحاب من الجلسة بشكل جماعي [26].

وقد تخلل حيثيات الجلسة نقاط نظام متعددة؛ تناول بعضها نقداً لطريقة أداء رئيس المجلس لا سيّما تلك التي وردت من عريقات، ودحلان، وانتصار الوزير الذين حاولوا لفت نظره إلى أنه رئيس الجميع وليس رئيساً لفئة. بينما اتهم الدويك نواب فتح بمحاولة تخريب أعمال المجلس وهو ما أثار ردود فعل ومداخلات نقدية حادة منهم.

وعندما قرر رئيس المجلس اللجوء للتصويت لإلغاء القرارات، قام نواب فتح بالانسحاب الجماعي، حيث عدّ الأحمد التصويت غير قانوني، وأنهم لا يمكنهم المشاركة في جلسة غير قانونية. ورأى، عقب خروجه، أن نواب حماس كان يمكنهم إلغاء أي قرار سابق بطريقة قانونية، إلا أن "تعطشهم" للسلطة دفعهم للجوء إلى "هذا الأسلوب غير القانوني"؛ معلناً أن كتلته ستلجأ إلى محكمة العدل العليا للطعن في قرارات حماس، لكن الجلسة استمرت وتمّ التصويت بالفعل على إلغاء بعض القرارات. وقد ساد من ثم توتر ميداني إثر اقتحام مسلحين تابعين لفتح مقرّ المجلس في غزة، وإطلاق النار في داخله، الأمر الذي دفع النواب وغالبيتهم من حماس إلى إخلاء المبنى [27].

وفعلاً، لجأت الكتلة البرلمانية لفتح لاحقاً للقضاء للفصل في إجراءات المجلس الداخلية لهذه الجلسة، بحجة مخالفتها للنظام الأساسي، لكن لم ترد أية نتائج أو متابعة جدية لهذا الموضوع.

---

[26] جريدة القدس العربي، لندن، 2006/3/7؛ وانظر: "الانتخابات الفلسطينية وخريطة سياسية جديدة،" في التقرير الاستراتيجي العربي 2005–2006 (القاهرة: مركز الدراسات السياسية والاستراتيجية، 2006)، ص 284.

[27] الحياة، والقدس العربي، وجريدة المستقبل، بيروت، 2006/3/7.

ونقلت صحيفة عكاظ لاحقاً عن عزيز الدويك أن عزام الأحمد أبلغه بأن قرار فتح خلال المجلس السابق، هو "قرار أعرج". أما بالنسبة لقرار فتح باللجوء إلى محكمة العدل العليا، فقد أكد الدويك أنه ليس من حقّ المحكمة الفلسطينية العليا إبطال أو إلغاء قرارات المجلس، لأن هذا شأن داخلي وسيادي، عبّرت عنه الأغلبية. وحذر من أنه في حال التدخل فإنه يعدّ تعدياً على مبدأ الفصل بين السلطات الذي يقره الدستور. كما أضاف أن انسحاب نواب فتح هو تأكيد على ضعف موقفهم القانوني، ودافع عن قرار إلغاء توسيع صلاحيات عباس القضائية، ورأى أنه دستوري، مشيراً إلى أن حماس لا تريد الانقلاب أو الصدام مع أبي مازن، بدليل أن المجلس وافق على ستة مشاريع قرارات جاءت منه[28].

2. الإدارات:

كان صراع الصلاحيات في الإدارات أول الصراعات المستشرفة بعيد فوز حماس، إذ أن الصلاحيات كانت أصلاً متداخلة بين رئاسة الوزراء ورئاسة السلطة قبل الانتخابات التشريعية. ولا يعود هذا لغموض في القوانين إذ أن القوانين واضحة في تحديد صلاحيات كل منهما، ولكن لأن اللذَيْن شغلا المنصبين كانا سابقاً من حركة فتح، وكان كل منهما دائماً في سعي للاستئثار بنصيب أكبر من هذه الصلاحيات.

وبعد فوز حماس، سعى الرئيس الفلسطيني محمود عباس وفتح إلى إبقاء حالة "التفرد الفتحاوية" في الإدارات قدر الإمكان سواء عبر التعيينات والترقيات المختلفة أم حتى بالإضرابات والعصيان المدني.

[28] عكاظ، 2006/3/8.

قامت مؤسسات السلطة والوزارات بحملة تعيينات وترقيات واسعة، وملء لكافة الشواغر حتى تلك التي كان مضى على فراغها سنين، بينما استوعبت الأجهزة الأمنية آلاف العناصر من فتح بتدخل مباشر من قيادات الأجهزة الأمنية والقيادات الفتحاوية، وذلك لأجل إرهاق حكومة حماس المقبلة مالياً وإدارياً، وفي الوقت ذاته، إحكام السيطرة الفتحاوية على الوزارات والمؤسسات. كما أن النفقات المالية للمسؤولين في سنة 2006 ارتفعت لتصل إلى أكثر من 100 مليون دولار. وجرى حديث عن وظائف وهمية في السلطة لا يمارس أصحابها أي عمل فعلي [29]. كما قام المجلس التشريعي المنتهية ولايته بإصدار مجموعة قرارات توسع من صلاحيات الرئيس في عدة مجالات تشمل الموظفين، وقامت حكومة تسيير الأعمال في حينه (حكومة قريع) بإصدار قرارات ترقية وتعيين 19 وكيل وزارة دفعة واحدة ممن ينتمون إلى حركة فتح أو يوالونها، وتمّ سحب الإشراف على وكالة الأنباء الفلسطينية الرسمية ومؤسسة الإذاعة والتلفزيون الفلسطيني من وزارة الإعلام إلى الرئاسة.

وفي 2006/2/13 تحدّث عزيز الدويك القيادي في حماس والنائب المنتخب حديثاً حينها، عن أنباء "غير مؤكدة" تشير إلى تعيين 70 مديراً عاماً في وزارات السلطة مؤخراً، جميعهم من كوادر فتح ومعظمهم من غير حملة الشهادات العليا، معرباً عن أمله في ألا تكون هذه الأنباء صحيحة. وأضاف بخصوص التعيينات والترقيات التي تمت، أن حماس تعدّ "كل ما تمّ من إجراءات وتعيينات وتغيير في الصلاحيات منذ إعلان نتائج الانتخابات إلى الآن غير قانوني، كونها تأتي في فترة انتقالية لا يجوز اتخاذ أية قرارات فيها". وأوضح

---

[29] جريدة الشرق الأوسط، لندن، 2006/2/17.

أن "ما يجري الآن هو استباق لمرحلة يخشون فيها أن تشكل حماس الحكومة، وهو عرقلة واضحة ومسبقة"[30].

وقد نقلت صحيفة الشرق الأوسط في 2006/4/7 عن مصادر في حماس أن القرارات التي اتخذت أخيراً تهدف عملياً إلى إحداث انقلاب على حكومتها، عبر تكريس وجود حكومة ظلّ تسيطر عليها فتح، مشيرة إلى قرار اللجنة التنفيذية تفويض هشام عبد الرازق بالإشراف على ملف الأسرى في منظمة التحرير، حيث يعني ذلك عملياً القضاء على صلاحيات وزير شؤون الأسرى، الذي سيمنع من زيارة السجون. وأشارت إلى أنه يتوقع أن يقوم عباس باتخاذ المزيد من القرارات الهادفة إلى تجريد الحكومة الجديدة من صلاحياتها، مشيرة إلى أن في نيته تكليف شخص ما المسؤولية عن ملف العلاقات المدنية مع "إسرائيل"، ليكون بديلاً عن وزارة الشؤون المدنية التي تمّ دمجها في وزارة الداخلية. كما أشارت إلى أنه سيستغل قدرة وزير الخارجية المحدودة جداً على التحرك من أجل لعب دور وزير الخارجية[31].

كما أن بعض الموظفين في الوزارات ساءتهم هذه الترقيات والتعيينات المغرضة، والتي وجهت إلى فئة معينة من الموظفين دون غيرها، فكان مثلاً أن نشرت مجموعة من الموظفين في وزارة الثقافة نداء في إحدى الصحف طالبوا فيه بالتحقيق في الترقيات[32]. وذكر وزير العدل أحمد الخالدي في الحكومة الجديدة، حكومة حماس، الحكومة العاشرة، أنها ستراجع جميع الترقيات التي تمت بعد الانتخابات، وتلغي ما هو غير قانوني منها. وهو الموقف نفسه الذي

---

[30] الغد، 2006/2/13.

[31] الشرق الأوسط، 2006/4/7.

[32] الحياة، 2006/4/2.

أكّده سامي أبو زهري لاحقاً، إثر تناقل أخبار عن عزم حماس فصل
موظفي فتح من السلطة وتعيين موظفي حماس مكانهم، أن حماس
لا تستهدف موظفي فتح، لكن المجلس التشريعي الجديد سوف
ينظر في الوظائف الوهمية المتكدسة والموظفين الذين يتقاضون أكثر
من راتب من ميزانية السلطة؛ لأن ذلك يشكل عبئاً مالياً كبيراً على
الموازنة ويحرم العديد من المواطنين العاطلين عن العمل من الحصول
على وظائف.[33]

وفي الاتجاه المقابل، فقد نشر مركز الإعلام والمعلومات التابع لفتح
في آب/ أغسطس 2006، تقريراً بعنوان "حكومة حماس والإقصاء
السياسي"، تحدث فيه عن:

> سياسة إقصاء سياسي منظمة، يمارسها وزراء الحكومة
> الحالية بدوافع سياسية بحتة لا علاقة لها بضوابط إدارية
> أو قانونية أو ذات علاقة بالعمل، ضحيتها الأولى الموظفين
> المنتمين لحركة فتح ضمن مخطط لإحلالهم بأعضاء من
> حركة حماس، في مسعى واضح للانقلاب على هيكل
> السلطة الوطنية والسيطرة عليها.[34]

وتحدث التقرير عن حالات معينة لوزارات مثل وزارة الأوقاف
والشؤون الدينية، حيث كان وزير الأوقاف في حكومة حماس، نايف
الرجوب، قد قرر إلغاء مرسوم لمجلس الوزراء السابق والذي صدر
في 2005/12/11، يتضمن ترقية وتسكين 14 موظفاً من المديرين العامّين
في الوزارة، على الرغم من مصادقة مجلس الوزراء السابق على تعيينهم
وحصولهم على درجاتهم من ديوان الموظفين، وتقاضيهم رواتبهم،

---

[33] الحياة، 2006/4/2؛ والقدس، 2006/2/22.
[34] "حكومة "حماس" والإقصاء السياسي: عزل وتهميش يطال كبار موظفي السلطة
والبديل، "حمساوي"،" مركز الإعلام والمعلومات، آب/ أغسطس 2006.

وفقاً لدرجاتهم الوظيفية لمدة سبعة أشهر، وكذلك أصدر قراراً بنقل السيد فريد عبد الرحمن النيرب، من مدير مديرية أوقاف شمال غزة إلى مدير دائرة التدريب، وتعيين محمد أبو عسكر، وهو مدرس وكالة أسبق، من كوادر "حماس" بدلاً منه. كما تحدث التقرير عن حوالي عشر تعيينات وترقيات واستبدالات في الوزارة ذاتها، قام بها الوزير الجديد[35].

وفي الإطار نفسه، يتناول التقرير كلاًّ من وزارة الصحة وقسم التمريض، ووزارة الزراعة حيث فرض "الوزير الحمساوي عزلة تامة على مكتبه، وعمل منذ اليوم الأول على تعيين طاقم خاص به من خارج الوزارة، ولم يعد يلتقي بأيّ موظف عادي". وتناول التقرير وزارة الثقافة، حيث رفع "الوزير الحمساوي شعار التفرد والديكتاتورية في تسيير الوزارة، أو إصدار قرارات العزل والتهميش دون أي مبررات قانونية أو إدارية"، كما أورد حديثاً خاصاً لعمر حلمي الغول، الذي كان يشغل منصب مدير عام التنمية الثقافية والتخطيط في الوزارة، قبل أن يصدر قرار سحب صلاحياته وتحويله إلى مستشار للوزير، يقول فيه إن حماس التي كان يتوجب أن تلجأ إلى مبادئ الشراكة الصحيحة، لإثبات إيمانها بالديموقراطية والوحدة الوطنية، أثبتت بالواقع الملموس وخلال فترة وجيزة من استلامها للحكم "أنها لا تمت إلى الديموقراطية بصلة"، ويضيف "قرر الوزير دون وجه حقّ، ودون سابق إنذار أو أي مقدمات اتخاذ هذا القرار المجحف بحقي، فقط أنه استخار ربه فوجد أن السبيل للتعاطي مع هذا الموظف هو تهميشه وعزله عن مهامه"[36].

---

35 المصدر نفسه.

36 المصدر نفسه.

وفيما كانت فتح تحاول عبر مثل هذه التقارير تسليط الضوء على "سياسة إنتاج فساد جديد حمساوي"، بررت حماس ما صحّ من هذه المقولات بأنه من باب الإصلاح، وليس من باب استهداف "سلطة فتح"، وبأن أي تغيير في المناصب العليا لا بد وأن يمسّ أحداً من فتح إذ إن أغلبهم إن لم يكن كلهم من الموالين لفتح. كما أن أي حكومة جديدة وسياسة جديدة تستوجب تغييراً في مراكز وهيكليات صناعة القرار والإدارات. وسياسة الفصل كان لا بدّ منها، إذ إنه وبغضّ النظر عن الأزمة المادية الخانقة التي كانت تمرّ بها السلطة، فإن حركة فتح استبقت قدوم حماس بجملة تعيينات هائلة، حيث تمّ بين فترة 25/1–2006/3/31 وحدها تعيين نحو 20 ألف موظف في أجهزة السلطة المختلفة، دون الترفيعات والترقيات[37].

وحاولت حماس توضيح موقفها، فعقد وزير الخارجية في حكومة حماس محمود الزهار في 2006/8/30 مؤتمراً صحفياً دعا إليه وسائل الإعلام، وخصصه للفساد الذي أنشأته فتح في الإدارات والسلطة الفلسطينية[38]. وقد أبرز الزهار خلال المؤتمر مجموعة من الوثائق الرسمية ليبين، مستعيناً بالأرقام، أن نسبة كبيرة من الأموال تذهب للفصائل التابعة لمنظمة التحرير، والمنظمات الأهلية غير الحكومية التابعة لحركة فتح، وقسم آخر مخصص لما يعرف بالساحات الخارجية. فقال إن الحكومة الحالية تسلمت مديونية تبلغ قيمتها 1,772 مليون دولار، منها ديون خارجية بقيمة 1,061 مليوناً، وحسابات مكشوفة للبنوك العاملة في الأراضي الفلسطينية بقيمة 550 مليوناً، وفوائد وأقساط للبنوك أيضاً بقيمة 66 مليوناً، ونفقات

[37] **الحياة**، 2006/4/29.

[38] **الحياة**، وجريدة **الخليج**، الإمارات، و**الشرق الأوسط**، 2006/8/31.

أخرى بقيمة 95 مليوناً، واصفاً هذا الوضع بأنه كارثة مالية حقيقية. كما بيّن الزهار أن الفصائل المنضوية تحت لواء منظمة التحرير، تتلقى مبلغاً مالياً سنوياً تبلغ قيمته نحو 4.1 مليون دولار، في حين تتلقى الساحات الخارجية نحو 3.9 مليون سنوياً، منها نحو 2.5 مليون مخصصة لساحة لبنان. وأشار إلى أن رواتب 64 سفيراً وممثلاً لفلسطين عبر العالم تصل إلى 323 ألف دولار شهرياً.

وأضاف الزهار أن هناك 133 منظمة أهلية كانت تحصل على مخصصات مالية، الكثير منها منظمات وهمية، إلى جانب أن بعضها يقف على رأسه مسؤولون في السلطة الفلسطينية. وأشار إلى أن بعض وسائل الإعلام الخاصة، التي تخدم أطرافاً سياسية فلسطينية تحصل على مخصصات من موازنة السلطة، معتبراً أن ذلك من مظاهر الفساد المالي والإداري.

وقارن الزهار بين الحكومات السابقة التي كانت ترأسها فتح والحكومة الحالية التي شكلتها حماس، وقال: إن الوزير والنائب كانا يتلقيان راتباً شهرياً قدره ثلاثة آلاف دولار أمريكي، في حين أن الوزير والنائب حالياً لم يتلقيا سوى 1,500 شيكل، نحو 330 دولاراً، ولمرتين فقط منذ تشكيل الحكومة. وحول الاتهامات الموجهة للحكومة بأنها تمارس الإقصاء الوظيفي، ضرب الزهار مثلاً بوزارة الخارجية التي تضمّ نحو 400 موظف، 99% منهم من المحسوبين على فتح، في حين أنه لم يوظف سوى أربعة موظفين في شواغر، الوزارة بحاجة لهم، لافتاً النظر إلى أن الحكومة الحالية وظّفت عدداً من المحسوبين على حماس ممن حرموا على مدار 12 عاماً من حقوقهم، بسبب ما يعرف بالسلامة الأمنية، التي كانت

44

تقصي من ينتمون إلى الحركة، لكن الحكومة قصرت هذه السلامة الآن على العملاء وأصحاب القضايا الجنائية.

وكان المجلس التشريعي ولجانه ضمن المؤسسات التي عطل عملها صراع الصلاحيات. ومن أبرز المعوقات التي عطّلت العمل التشريعي، إضراب موظفي المجلس أحياناً، بمن فيهم الفنيين المسؤولين عن شبكة الاتصالات الداخلية الفيديو كونفرنس Video Conference، والذي كان يستعمل للتغلب على مسألة الإغلاق الإسرائيلي بين الضفة وغزة، أو رفضهم أحياناً التجاوب مع المجلس الجديد ذو الأغلبية الحمساوية، ومقاطعات نواب فتح للمجلس أحياناً أخرى، بالإضافة إلى أزمة النواب المعتقلين (أغلبيتهم من حماس وبينهم رئيس المجلس عزيز الدويك).

وقد رصد تقرير صادر عن "ملتقى الحكم الرشيد" أساليب العمل في مؤسسات الحكم الفلسطيني بين 30/3–2006/9/30؛ فبيّن أن التشريعي لم يقم حينها بإصدار أي تشريع أو قانون، واقتصر عمله على توجيه بعض الأسئلة لوزراء دون تسجيل أي حالة استجواب، كما لم يوافق على أي قانون بقرار صدر عن الرئيس سوى المتعلق بتصويت رجال الأمن. لكن التقرير ذاته بيّن أن الحكومة أصدرت منذ استلامها مهامها نحو 10,600 تعييناً جديداً متجاوزة بذلك السياسة التي أقرّتها بتعيين 4,284 شاغراً فقط، وعقدت 26 جلسة أصدرت فيها ما لا يقل عن 300 قرار أغلبها ذات طابع إداري (لم تتجاوز القرارات السياسية ما نسبته 6%).

كما تناول التقرير أيضاً أداء بعض الوزارات، مثل الصحة والتربية والمالية، وأظهر أن إضراب الموظفين شلّ الحياة في المؤسسات الحكومية

نتيجة عدم توفير الرواتب، فلم تنجح وزارة المالية في مواصلة إجراءات الإصلاح المالي، حيث توقف العمل بحساب الخزينة الموحد لكثير من النفقات والعائدات، كما توقفت عملية دمج التخطيط بالموازنة، ولم يتم تحضير موازنة العام 2007، ولا إقرار العمل بموازنة العام السابق، وتأخر نشر البيانات المالية، لكنها في المقابل نجحت في زيادة تحصيل الإيرادات الداخلية بنسبة 45% خلال النصف الأول من العام 2006[39].

وعلى صعيد القرارات، فقد أصدر الرئيس الفلسطيني محمود عباس في 2006/5/8 قراراً رئاسياً ينصّ على أنه وفقاً لقانون الخدمة المدنية رقم 4 لسنة 1998 وتعديلاته، فإن دور مجلس الوزراء يقتصر على التنسيب فيما يتعلق بفئة موظفي الفئة العليا. ويؤكد القرار أنه لا يجوز للموظفين المنسب بتعيينهم من مجلس الوزراء ممارسة مهام الوظيفة، ما لم تستكمل الإجراءات القانونية لتعيينهم، وأن كافة القرارات المتعلقة بالوضعية الوظيفية لموظفي الفئة العليا في قطاع الخدمة المدنية من تعيين وتوقيف ونقل وإنهاء خدمة، تصدر عن رئيس السلطة الوطنية الفلسطينية فقط[40]. وهذا القانون يتعارض مع القانون الأساسي الذي يمنح رئاسة الوزراء والحكومة الصلاحيات التنفيذية، بما أنها هي المساءلة والمحاسبة أمام التشريعي لا الرئيس.

كما قام الرئيس الفلسطيني بتجميد قرار رئيس الوزراء الفلسطيني إسماعيل هنية القاضي بتحديد يومين كعطلة أسبوعية بدلاً من يوم واحد[41]، ليعود ويصرح لإحدى القنوات الفضائية العربية أنه لا سلطة في الأراضي الفلسطينية تواجه سلطة الرئيس، وأن الحكومة

[39] المستقبل، 2006/12/11.
[40] انظر: "حكومة "حماس" والإقصاء السياسي."
[41] الخليج، 2006/9/10.

هي حكومة الرئيس، وقال: "صحيح أن رئيس الوزراء هو عضو في التشريعي المنتخب، وأن الوزراء معظمهم منتخبون من قبل الشعب، لكن عندما يصبحون وزراء لا يعودون هكذا فصفتهم أنهم وزراء معينون من قبل الرئيس"[42].

لكن حركة حماس والحكومة الجديدة ظلّت على تمسكها بصلاحياتها، وتجاهلت العديد من قرارات الرئيس الفلسطيني أو طلباته التي ترى أنها غير مبررة أو مخالفة للقانون، فرفضت مثلاً طلبه إقالة وزير شؤون اللاجئين عاطف عدوان في أعقاب تصريحاته، وأصرّت على تشكيل القوة التنفيذية ونشرها، وأعلنت وزارة الداخلية عن تحويل رئيس نقابة الموظفين العموميين إلى النائب العام لاتخاذ الإجراءات القانونية بحقّه، بعدما ثبت أن هذا الجسم النقابي غير قانوني. وقد صرح خالد مشعل، في حوار مع صحيفة السفير اللبنانية بهذا الخصوص، أن حماس "لا تريد أن تلغي دور أحد ولا أن تتعدى على صلاحيات أحد، كما لا تقبل أن يكون هناك تعدٍّ على صلاحيات الحكومة"، وأضاف:

> بكل وضوح أقول أي قرارات لا ضرورة لها، وتأتي في سياق فرض أمر واقع في مرحلة انتقالية، لن نتعامل معها بمنطق الشرعية. لن نفصل موظفاً. لن نحرم أحداً من حقّه، لكن لا يستطيع أحد أن يخدعنا ولا أن يفرض علينا واقعاً ليس له صفة الشرعية والقانونية[43].

الأجندتان المختلفتان لعباس وحماس، برزتا أيضاً عند إضراب الموظفين مثلاً بسبب أزمة الرواتب، حيث حمّل عباس الصواريخ مسؤولية الحصار، أي الفصائل المقاومة، بينما دعا هنية إلى توجيه

---

[42] الغد، 2006/10/4.
[43] جريدة السفير، بيروت، 2006/2/9.

التظاهرات إلى العنوان الحقيقي الذي يفرض الحصار على الشعب الفلسطيني إشارة إلى الاحتلال. وفيما أكّدت الحكومة على حقّ الموظفين في التظاهر، لكنها دعت العمال إلى مراعاة حياة المواطن والظروف، أكّد الرئيس الفلسطيني على شرعية إضراب الموظفين عن العمل وقانونيته، وأكد عباس أن لقمة العيش أهم من نتائج الديموقراطية[44].

3. وزارة الخارجية والتمثيل الخارجي:

كانت مسألة وزارة الخارجية (إحدى الحقائب السيادية الثلاث في حكومة الوحدة)، والتمثيل الخارجي للسلطة الفلسطينية إحدى الوزارات الأكثر إثارة للجدل في صراع الصلاحيات، بعد وزارة الداخلية (التي تدخل فيها الأجهزة الأمنية) والتي أُفرد لتناولها قسم مستقل. فالقانون الفلسطيني ككل يتجه نحو حصر مهام رئيس الوزراء بالشؤون الداخلية، ويعطي صلاحيات أكبر للرئيس ولمنظمة التحرير الفلسطينية فيما يخص التمثيل والعلاقات الخارجية. فالرئيس هو من يملك الحقّ الحصري في تعيين ممثلي السلطة الوطنية لدى الدول والمنظمات الدولية والهيئات الأجنبية، وفي إنهاء أعمالهم. أما المتابعة وإدارة الأعمال فهي من اختصاص وزارة الخارجية بحسب اتجاهات معظم الباحثين، وبحسب مواد قانون السلك الدبلوماسي. وعلى الرغم من أنه لا يوجد نصّ قانوني صريح يمنح هذه الصلاحية حرفياً لأي من الرئاسة أو وزارة الخارجية[45]، إلا أن قانون السلك الدبلوماسي صريح وواضح بشأن صلاحيات كل من الرئيس

[44] **الغد**، 2006/8/31.

[45] سميح المعايطة، "صلاحيات رئيس السلطة،" **الغد**، 2006/4/29.

والوزير. والجدير ذكره أن قانون السلك الدبلوماسي لا يتطرق إلى
أي دور صريح لمنظمة التحرير الفلسطينية في العمل الدبلوماسي،
لكن حجة المنظمة في تدخلها هو أن القانون الأساسي ينصّ على أنها
الممثل الشرعي والوحيد للشعب العربي الفلسطيني أينما وجد.

وتنصّ المادة 2 من قانون السلك الدبلوماسي، على أنه يتمّ
استحداث البعثات الفلسطينية أو إغلاقها بقرار من الرئيس، بناء على
تنسيب من الوزير. بينما تتولى الوزارة بحسب المادة 3:

> الإسهام في وضع السياسة الخارجية الفلسطينية
> وتنفيذها، وتمثيل فلسطين خارجياً، وتعزيز العلاقات
> الفلسطينية مع الدول والمنظمات الدولية والإقليمية
> عربياً وإسلامياً ودولياً؛ والإشراف على جميع البعثات
> سياسياً وإدارياً ومالياً، بما في ذلك التعيينات والتنقلات
> وفقاً للقانون، وتنمية التعاون الدولي مع فلسطين
> وتطويره، وتمثيل فلسطين لدى الجهات الخارجية، ورعاية
> مصالح الفلسطينيين في الخارج، وتعزيز العلاقة معهم
> وتواصلهم مع شعبهم ووطنهم، واعتماد جواز السفر
> الدبلوماسي وفقاً لنظام يصدر عن مجلس الوزراء[46].

وبخصوص هيكلية الوزارة (المادة 4) فتكون لها هيكلية خاصة
يصدر بها نظام عن مجلس الوزراء بناء على تنسيب من الوزير، كما
أن الهيكل الوظيفي لكل بعثة من بعثات فلسطين في الخارج، يحدد
فيه عدد الوظائف الدبلوماسية والقنصلية والإدارية والملحقين الفنيين
والوظائف المحلية بقرار من الوزير. أما التعيينات (التسمية، النقل
أو الإعادة للمقرّ) فهي من اختصاص الوزير لكافة موظفي السلك

---

46 مركز المعلومات الوطني الفلسطيني، قانون السلك الدبلوماسي، انظر:
http://www.pnic.gov.ps/arabic/law/25-8-2005.html

باستثناء السفراء، حيث يقتصر دور الوزير على التنسيب، ويكون القرار من الرئيس حسب المادة 7. وتعطي المادة 40 أيضاً الوزير صلاحية تعيين الملحقين الفنيين، وتحدد تسمية وظائفهم ووصفها. كما يحقّ للوزير حسب المادة 27 أن يحيل موظف السلك إلى التحقيق عند مخالفته لواجباته أو مقتضيات وظيفته، ويحدد الوزير بقرار منه من يقوم بمباشرة التحقيق، وتعرض النتائج على اللجنة، وترفع اللجنة توصياتها لى الوزير إما بحفظ الموضوع أو بتوقيع التنبيه أو الإحالة للتأديب.

لم يكن موضوع صراع الصلاحيات في الشؤون الخارجية متعلقاً فقط في الصلاحيات بحدّ ذاتها، بل في سؤال قد تبدو إجابته بديهية للوهلة الأولى: "من هو وزير الخارجية؟". ففي أوائل شهر تموز/يوليو 2006 قام أبو مازن بإرسال تعاميم إلى السفارات الفلسطينية وممثليات منظمة التحرير، إضافة إلى المنظمات الإقليمية والدولية، يبلغها فيها بأن القدومي هو الشخص المخول بالتحدث في الشؤون الخارجية للفلسطينيين، وتمثيلهم في المحافل الدولية بتكليف منه، باعتباره رئيس منظمة التحرير الفلسطينية. وكان القدومي حينها رئيس الدائرة السياسية في منظمة التحرير الفلسطينية، بينما كان محمود الزهار هو وزير الخارجية. لكن مدير إدارة الإعلام في وزارة الشؤون الخارجية طاهر النونو، نفى أن يكون أي قرار رسمي وصل إلى الوزارة في شأن تعيين القدومي. وقال إن ما صدر في هذا الشأن هو مجرد تصريح إعلامي لمسؤول فلسطيني رفض كشف هويته. وأبدى استغرابه من هذا التصريح الذي يصف الحكومة الفلسطينية بأنها محلية وبأنها حكومة حماس، معتبراً أن في التصريح مغالطات، مخالفة لقانون

50

السلك الدبلوماسي الفلسطيني[47].

وفيما امتنعت حكومة حماس عن التعليق إلى أن تتمّ مناقشة القرار في جلستها، فإن عزام الأحمد، رئيس كتلة فتح النيابية، قال لصحيفة الشرق الأوسط ألاَّ جديد في هذا القرار:

> وهو ليس قراراً رئاسياً بل جاء تأكيداً على صلاحيات القدومي، الذي انتخب وزير خارجية فلسطين في اجتماع للمؤتمر المركزي لمنظمة التحرير عام 1989... هذا القرار لا يتناقض مع مهام وزير خارجية السلطة، إذ إن وزير الشؤون الخارجية في السلطة هو بمثابة وزير دولة للشؤون الخارجية وليس وزيراً للخارجية، أما أبو اللطف فهو وزير خارجية دولة فلسطين المنتخب[48].

مع العلم أن أبا مازن هو من استحدث منصب وزير الخارجية في الحكومة الفلسطينية، عند توليه رئاستها في أيار/ مايو 2003، وعين نبيل شعث في هذا المنصب. ووقعت أول معركة كلامية بينه وبين القدومي عندما بعث أبو مازن تعاميم إلى السفارات الفلسطينية، ومكاتبها التمثيلية، والجامعة العربية، وهيئة الأمم المتحدة، إضافة إلى منظمة المؤتمر الإسلامي ومنظمة عدم الانحياز وغيرها من المنظمات المعنية، يطالبها بالتعامل مع شعث كمسؤول عن العلاقات الخارجية. ورفض القدومي هذا القرار وأثار ضجة كبيرة في حينها، وحسمت القضية لصالح القدومي بعد تدخل من الرئيس الراحل ياسر عرفات؛

---

[47] **الشرق الأوسط**، و**القدس العربي**، و**الحياة**، و**السبيل**، 2006/7/11. وقد نشرت **القدس العربي** في 2006/5/30 أن سبب تعميم القدومي هو رصد رسالتين وجههما مباشرة محمود الزهار لسفيرين فلسطينيين في الخارج بصفته وزيراً للخارجية ومسؤولاً عن السفارات. وفي 2006/9/15 نشرت **الشرق الأوسط** قراراً رئاسياً صدر في رسالة من الرئيس الفلسطيني إلى السفارات الفلسطينية في الخارج جاء فيه تأكيد على أن الدائرة السياسية لمنظمة التحرير هي التي تقوم بدور وزارة الخارجية.

[48] **الشرق الأوسط**، 2006/7/11.

لتعود وتبرز إلى السطح مجدداً بعد انتخاب أبي مازن رئيساً للسلطة خلفاً لعرفات، واختيار ناصر القدوة وزيراً للخارجية، الذي اشترط حسم موضوع التمثيل الفلسطيني في المحافل الدولية، وحسم عباس الأمر لصالح القدوة. وهو ما يظهر مدى جدلية هذه الحقيبة، وكونها منذ نشوء السلطة الفلسطينية خاضعة لـ"الأهواء الرئاسية" لا أكثر، بغضّ النظر عن قانون السلك الدبلوماسي.

أما على الصعيد العملي والممارسات، فقد برز صراع الصلاحيات في وزارة الخارجية على مستويين، الأول داخلي فيما يتعلق بالإشراف على عمل الوزارة والموظفين والسلك الدبلوماسي، والثاني، على صعيد التمثيل والمشاركات الخارجية.

فعلى الصعيد الداخلي، وفي إطار برنامج حماس الإصلاحي، أعلن وزير الخارجية في حكومة حماس، محمود الزهار، أن وزارة الخارجية بحاجة إلى "تنظيف من الأساس إلى الرأس"، حيث تحوّلت سفاراتها وممثلياتها في الخارج حسب رأيه إلى "أوكار تسيء إلى الشعب الفلسطيني". وقال إن 99% من موظفي وزارة الخارجية البالغ عددهم 400 من لون واحد (في إشارة إلى فتح)، منهم 100 لم يحصلوا على شهادة الثانوية العامة[49].

أما فيما يخصّ التمثيل والمشاركات الخارجية، فقد برز أول صدام حقيقي بين القدومي والزهار في اجتماعات وزراء خارجية دول عدم الانحياز في كوالالمبور أواخر شهر أيار/مايو 2006، إذ انسحب الزهار حينها من الاجتماع الوزاري للمنظمة أمام وسائل الإعلام، بسبب حضور القدومي. وصرّح الناطق باسم وزارة الخارجية الفلسطينية بأن "إحجام الوزير والوفد المرافق عن المشاركة في المؤتمر، جاء عقب

---

[49] الحياة، 2006/8/31.

الوصول المفاجئ لفاروق القدومي رئيس الدائرة السياسية لمنظمة التحرير الفلسطينية للمشاركة في المؤتمر". وأشار إلى أن الزهار تلقى دعوة ليرأس وفد فلسطين في المؤتمر، وأبلغ المسؤولين الماليزيين موافقته على ذلك. وأبدى استياءه مما وصفه "التصرف الغريب الذي قام به السيد القدومي"[50]. الجدير ذكره أنه وقبيل عقد الاجتماع بأيام نشرت بعض الصحف الفلسطينية خبر مشاركة فلسطين في المؤتمر بوفد يترأسه القدومي، ويشارك فيه الزهار كعضو، باعتبار الوفد ممثلاً لمنظمة التحرير الفلسطينية لا للسلطة الوطنية الفلسطينية[51].

وبعد الحادثة، تحدث فاروق القدومي عما حصل، فقال "أنا أعلى منه مرتبة، فأنا رئيس الدائرة السياسية لمنظمة التحرير وهو وزير خارجية سلطة محلية، ولم يستطع الزهار أن يدرك ذلك". أما مصادر في وزارة الخارجية فقد وصفت ما قام به القدومي أنه "يتناقض مع الأصول المتعارف عليها دبلوماسياً وسياسياً وفلسطينياً، ووضع الفلسطينيين في حرج شديد أمام الدول المشاركة في المؤتمر"، إذ إنّ الدولة المضيفة للمؤتمر (ماليزيا) وجّهت الدعوة لوزير الخارجية الزهار لترؤس وفد فلسطين، الذي سمّى في حينها ستة أشخاص أرسلت أسماؤهم إلى سفير فلسطين في ماليزيا[52].

وفي 2006/6/8 أثيرت مسألة صلاحيات كل من الوزارة ومنظمة التحرير الفلسطينية مجدداً، بخصوص تمثيل فلسطين في اجتماعات الجامعة العربية، فأصدر وزير الخارجية محمود الزهار بياناً عبّر فيه عن أسفه لمحاولات بعض الجهات الفلسطينية الالتفاف على الحكومة، مؤكداً أن الوفد الفلسطيني المشارك لا يمثل الحكومة الفلسطينية،

---

[50] جريدة النهار، بيروت، 2006/5/29.

[51] الحياة الجديدة، 2006/5/26.

[52] الشرق الأوسط، 2006/5/30.

ولا يشارك بموافقة أو بتنسيق مع الحكومة أو وزير الشؤون الخارجية الذي دعي بالأساس لهذا الاجتماع؛ وبناء على هذا فإن الحكومة الفلسطينية غير ملزمة بأي موقف يتخذه الوفد أو أي قرارات يوافق عليها[53].

ومن الجدير بالذكر، أن وزير الخارجية الفلسطيني محمود الزهار قام بصفته الرسمية بجولات على عدة دول عربية وإسلامية وآسيوية، وعقد بهذه الصفة عدة لقاءات رسمية ولقاءات مع مسؤولين، ومن ضمنهم أمين عام الجامعة العربية دون أية اعتراضات أو عراقيل، باستثناء اعتذار وزير الخارجية المصري أحمد أبو الغيط والذي أثار ضجة حول الموقف المصري. ومع تشكيل حكومة الوحدة الوطنية وافقت حماس على التخلي عن وزارة الخارجية، وبالتالي خفت الحديث عن الصراع في شرعية التمثيل.

لكن السؤال الذي يظلّ قيد الطرح، هو أيهما أكثر شرعية؟ فالقدومي وإن كان مصيباً في قوله إن منظمة التحرير الفلسطينية منظمة عريقة، ومظلة تجمع الشعب الفلسطيني في الداخل والخارج، إلا أن عليه أن ينتبه للوضع الحالي للمنظمة التي قامت فتح نفسها باحتكارها وبشلِّ فاعليتها، وتعطيل مؤسساتها، وإلغاء عدد من أهم بنود ميثاقها الوطني، وأن مجالسها التمثيلية انتهت مدة صلاحياتها القانونية منذ سنوات عديدة، وأن الصلاحيات التي أعيدت إليه في قيادة الخارجية إنما أعيدت نكاية في حكومة حماس وعزلاً لها، حيث كانت قد سحبت منه بقرار الرئيس عباس نفسه قبل بضعة أشهر عندما كانت فتح تقود الحكومة.

---

[53] تكون الوفد حينها من فاروق القدومي أبو اللطف، وصائب عريقات وياسر عبد ربه، انظر: **الحياة الجديدة**، 2006/9/7.

4. صراع الصلاحيات في الأمن ووزارة الداخلية:

بعد فوز حماس، ألحق الرئيس الفلسطيني محمود عباس بمكتب الرئاسة، كافة الأجهزة الأمنية والمؤسسات الإعلامية الرسمية وإدارة المعابر، ورفض تبعية الشرطة والدفاع المدني والأمن الوقائي للحكومة مقابل الأمن الوطني والمخابرات العامة للرئاسة (وهو ما كان قد نادى به وأصرّ عليه سابقاً إلى أن تمّ فعلاً إبان حكم الرئيس الراحل ياسر عرفات). في مقابل ذلك، فقد قامت حماس بتأسيس القوة التنفيذية في قطاع غزة كنوع من الردّ للتمكن من ممارسة صلاحياتها وتطبيق برنامجها، خصوصاً فيما يتعلق بضبط الأمن.

كما قام الرئيس الفلسطيني محمود عباس على صعيد الأجهزة الأمنية بعدة تعيينات دون الرجوع إلى أحد. وكان من الملفت للنظر أن الرئيس الفلسطيني محمود عباس ومعاونيه كانوا دائماً يجدون المبررات لسحب صلاحيات هي حكماً وعرفاً وقانوناً من صلاحيات وزارة الداخلية؛ كمسؤولية حفظ الأمن الداخلي، وبالتالي قوات الشرطة والأمن، وكذلك إدارة المعابر، حيث نفى الحسيني اتهامات وجهت للرئاسة بسحب صلاحيات الحكومة قائلاً إن الحكومة هي من تحمل الرئاسة هذه الأعباء الإضافية، ومضيفاً: "لو لم نقم بتلك الأعباء لأغلقت المعابر، ولدمرت مقارّ قوات الأمن الوطني، ولأغلقت أعداد كبيرة من السفارات الفلسطينية في الخارج"[54].

أ. صراع الصلاحيات في التعيينات الأمنية:

كان صراع الصلاحيات في الأجهزة الأمنية بارزاً على عدة مستويات، ومنها على مستوى التعيينات خصوصاً القيادية في الأجهزة الأمنية، لما لهذه القيادات من دور في عمل الأجهزة الأمنية،

---

[54] وكالة وفا، 2007/1/10.

وبالتالي في إنهاء حالة الفلتان الأمني أو إبقائها.

وفور فوز حماس في الانتخابات التشريعية قام الرئيس عباس بجملة من التعيينات، شملت تعيينات لقادة أمنيين في الضفة والقطاع، وكذلك تعيينات أخرى تضمن له نقل صلاحية إدارة الأجهزة الأمنية لديوان الرئاسة، حتى ولو ظلّت تابعة لوزارة الداخلية كما ينصّ القانون. وقد رافق فوز حماس في الانتخابات جملة من الإشاعات عن نية حماس طرد الكثير من منتسبي فتح من الأجهزة الأمنية، وهو ما لم تفعله حماس.

وذكرت الـ سي إن إن في 2006/1/29 أن عباس أبلغ قادة الأجهزة الأمنية أنهم خاضعون له، وليس للحكومة التي ستتشكل خلال الأسابيع القليلة المقبلة بقيادة حماس، وأمرهم وبوضوح بتقديم تقاريرها له شخصياً[55]. وذلك بخلاف ما صرّح به علناً عن أنه سيمنح الحكومة الجديدة الصلاحيات الأمنية. وحتى بعد تسلم وزير الداخلية الجديد لمهامه، واصل الرئيس الفلسطيني محمود عباس سحب الصلاحيات في إدارة الأجهزة الأمنية من الوزارة، سواء عبر المراسيم أم عبر التعيينات.

ومن أبرز التعيينات التي قام بها عباس بعد فوز حماس في الانتخابات، في الأجهزة الأمنية التي يفترض أنها تابعة للوزارة، باستثناء الأمن الوطني والاستخبارات، على صعيد القيادات، تعيين رشيد أبو شباك مديراً عاماً للأمن الداخلي[56]، وصخر بسيسو مديراً عاماً للمعابر والحدود[57]، وعبد الرزاق مجايدة مستشاراً عسكرياً

---

[55] موقع القناة الإخبارية الأمريكية سي إن إن، 2006/1/29.

[56] الشرق الأوسط، 2006/4/7.

[57] جريدة الوطن، قطر، 2007/8/17؛ وجريدة الحقائق، لندن، 2007/8/13.

مهمته التنسيق بين وزارة الداخلية والأجهزة الأمنية والأمن الوطني [58]، وسليمان حلس قائداً لقوات الأمن في الضفة وغزة[59].

بالإضافة إلى من ذكروا أعلاه، فقد قام الرئيس عباس بالكثير من التعيينات الأخرى ضمن الأجهزة الأمنية مما لا مجال لحصره، فقد ذكرت مثلاً صحيفة الاتحاد الإماراتية في 2007/1/10 أن الرئيس عباس أصدر أمراً باستبدال 158 من كبار المسؤولين في الأجهزة الأمنية بشكل فوري في مرسوم واحد، بذريعة قضايا الفساد الداخلي والحاجة إلى إعادة الاستقرار إلى الأجهزة الأمنية[60].

في المقابل، فإن وزير الداخلية سعيد صيام لم يقم على صعيد تعيينات القيادات إلا بتعيينين اثنين، وفي الحالتين تمّ إلغاء قراره أو تعديله من قبل الرئيس عباس ومساعديه؛ أولها عندما ألغى الرئيس عباس قرار صيام الذي وافقت عليه الحكومة، بتعيين جمال أبو سمهدانة مراقباً عاماً في وزارة الداخلية بذريعة أن الحكومة لا تملك الصلاحيات، وأن ذلك من صلاحيات الرئيس فقط. مع العلم أن منصب المراقب العام في وزارة الداخلية هو منصب مستحدث من قبل حكومة فلسطينية سابقة، وشغله سمير المشهراوي عندما كان محمد دحلان وزيراً للأمن الداخلي في حكومة محمود عباس في عهد الرئيس الراحل ياسر عرفات[61]. وثاني هذه التعيينات لصيام، قراره بإقالة سليمان أبو مطلق مدير الأمن الوقائي في غزة، وتعيين يوسف

[58] المركز الفلسطيني للإعلام، 2006/6/12.

[59] القدس العربي، 2006/4/10.

[60] جريدة الاتحاد، الإمارات، 2007/1/10.

[61] أحمد الحيلة، "صراع الصلاحيات بين الرئاسة والحكومة الفلسطينية،" نشرة فلسطين اليوم، مركز الزيتونة للدراسات والاستشارات، 2006/4/28.

عيسى مديراً للأمن الوقائي في غزة[62]، وقد تمّ تعديله لاحقاً بتوافق بين صيام ورشيد أبو شباك مدير عام الأمن الداخلي على تعيين زياد هب الريح مديراً للضفة وغزة ويوسف نائباً له[63].

ولعل المفارقة تكمن في أن قرار صيام بإقالة العميد أبو مطلق، وتعيين عيسى بدلاً منه كان بسبب أن الأول قد ترشح للانتخابات التشريعية (و لم يحالفه الحظ)، ولا يجوز له البقاء في المنصب أو العودة إليه طبقاً للقانون[64]، بينما قرارات الرئيس الكثيرة، والتي تغاضت عنها في الكثير من الأحيان وزارة الداخلية منعاً لتفاقم الأزمة وحالة الفلتان الأمني، هي بأغلبها غير قانونية بسبب تعديها على صلاحيات الوزير، إذ ينصّ القانون على أن التعيين يكون بتنسيب من الوزير ومصادقة من الرئيس. على الرغم من هذا، فقد عاد صيام ووافق على تعيين زياد هبّ الريح مديراً للضفة وغزة مراعاة للأوضاع.

ومن التعيينات الأمنية الأخرى لعباس والتي أثارت جدلاً، تعيينه لمحمد دحلان مستشاراً للأمن القومي، إذ يشدد القانون الفلسطيني على أنه لا يجوز لعضو التشريعي تولي أي منصب في السلطة التنفيذية ما عدا منصب الوزير، ويمنعه أيضاً من تولي مهام استشارية. وقد صرح مصدر حكومي من حركة فتح للشرق الأوسط أنه سيتمّ التحايل على اسم المنصب الذي لن يكون مستشار الأمن القومي "لأنه يتناقض مع القانون الأساسي الذي لا يسمح لعضو التشريعي أن يتبوأ منصباً تنفيذياً، بل سيطلق عليه اسم أمين سر المجلس، وبإمكان دحلان أن يتبوأه انطلاقاً من منصبه كرئيس للجنة الشؤون

[62] الشرق الأوسط، 2006/7/28.

[63] السفير، 2006/8/4.

[64] الشرق الأوسط، 2006/7/28.

الأمنية في التشريعي"[65]. وكانت هناك مؤشرات أخرى حول تجاوز عباس لهذا القانون الذي يمنع دحلان،بموجب كونه نائباً من ممارسات أي مهام تنفيذية، حيث تحدثت مصادر أمنية فلسطينية في أوائل 2007 عن قرار شفهي لعباس يقضي بتعيين دحلان مسؤولاً عن الأجهزة الأمنية وأن القرار نفذ عملياً على أرض الواقع بناء على تعليمات مباشرة صدرت من عباس إلى قادة الأجهزة الأمنية بتلقي تعليماتهم من دحلان، خلال اجتماع عقد في مكتبه بغزة، وأشارت إلى أن دحلان باشر مهامه الأمنية كقائد للأجهزة الأمنية، فور انتهاء اجتماع الأجهزة الأمنية، وأن دحلان ترأس عدة اجتماعات للأجهزة الأمنية في مقرّ الرئاسة بغزة[66].

ب. القوة التنفيذية:

بعد تسلم وزير الداخلية الجديد في حكومة حماس سعيد صيام لمهامه، وجد أن ما تسلمه كان أقرب لهيكلية وزارة، صلاحياته القانونية فيها، مسحوبة على أرض الواقع، لمصلحة رجال الأمن وقيادات الرئيس الفلسطيني محمود عباس. وكانت قراراته تواجه بالرفض من قبل الأجهزة الأمنية التابعة للوزارة، في وقت كانت الساحة الفلسطينية تعاني فيه من فلتان أمني، وكان تحدي الحكومة الأساسي ضبط هذه الحالة الأمنية.

وفي ظلّ عصيان الأجهزة الأمنية الموجودة، بالإضافة إلى حالتها المترهلة، وما كانت تسببه أحياناً من فلتان أمني أو فوضى وهي المسؤولة عن حفظ النظام، أو خلافاتها الداخلية أو المصلحية داخل

---

[65] الشرق الأوسط، 2007/3/21.

[66] جريدة الدستور، عمّان، 2007/1/8.

فتح، لم يكن هناك من خيار أمام وزير الداخلية سوى إنشاء قوة جديدة، هي القوة التي عرفت فيما بعد بالقوة التنفيذية. وأسست القوة التنفيذية كقوة أمنية مساندة تتبع لوزارة الداخلية، وكجزء من المؤسسة الأمنية يتبع لقوى الأمن الداخلي، على أن تدمج لاحقاً في الجهاز ككل.

1. التشكيل:

في مؤتمر صحفي بوزارة الداخلية يوم 2006/5/17، أعلن سعيد صيام وزير الداخلية في الحكومة الفلسطينية العاشرة، حكومة حماس، عن بدء عمل قوة أمنية من الأجنحة العسكرية للفصائل، في قرار رفضه الرئيس الفلسطيني محمود عباس، وعدّته حركة فتح قراراً متسرعاً يقود إلى كارثة، وصرح أبو خوصة: "أعتقد أن وزير الداخلية يُصِرّ أن يقود فتنة داخلية؛ لأن هذه القوة لن تكون في خدمة الأمن ولا في خدمة الوطن"[67].

وكان الرئيس عباس قد أصدر مرسوماً يلغي قرار تشكيل هذه القوة الذي أصدره وزير الداخلية، إلا أن صيام أكد خلال المؤتمر الصحفي أن هذه القضية منتهية ومتفق عليها، وهي في إطار القانون وضمن صلاحياته، كما أن الحكومة توافقت مع الرئيس بخصوص تشكيل هذه القوة. وأوضح صيام أن السبب الرئيسي لتشكيل هذه القوة هو الحفاظ على الأمن وضبط الفوضى، حيث إن الأجهزة الأمنية القائمة لا تنفذ تعليماته، موضحاً أنه أصدر الكثير من القرارات الواضحة لها بالعمل على تطبيق القانون والنظام، وأنه تدخل في وضع الآليات لعمل هذه الأجهزة، لكنه كان يتفاجأ دوماً بعدم تنفيذ أوامره. ورأى

[67] وكالة رويترز للأنباء، نشره موقع إسلام أون لاين، 2006/5/17.

أن هذا التباطؤ في تنفيذ أوامره، يهدف إلى القول بأن وزارة الداخلية عاجزة، كما أنه يرجع إلى ضعف تلك الأجهزة وعدم رغبتها في تنفيذ الأوامر، أو يرجع أحياناً إلى تعمد بعض المسؤولين في الأجهزة الأمنية تجاوز قرارات الوزير، كما ذكر الناطق باسم حماس سامي أبو زهري، مما يستدعي وجود قوة جاهزة وقادرة ومدربة على تنفيذ الأوامر الصادرة من وزير الداخلية، لضمان حفظ الأمن؛ والدليل على ذلك بحسب أبو زهري هو أنه عندما حدثت مشكلة في بني سهيلا جنوب قطاع غزة وجهت الأوامر للشرطة، ولكن لم يتحرك أحد، وكذلك عندما حدثت مشكلة في منطقة الجامعات و لم تتحرك الشرطة على الرغم من صدور التعليمات إليها[68].

وخلافاً لما نشر من أن حماس تسعى لتشكيل "ميليشيا" خاصة بها، فإن وزير الداخلية عرض على جميع الفصائل المشاركة في تشكيل هذه القوة، وبالفعل فقد شارك فيها العديد من الفصائل، حيث إنه وحتى بداية العام 2007، توزعت انتماءات أفراد هذه القوة على الشكل التالي [69]:

---

[68] إسلام أون لاين، 2006/5/17؛ ومجلة فلسطين المسلمة، 2006/6/1.

[69] المركز الفلسطيني للإعلام، 2007/1/9.

اسم الفصيل	عدد أفراده
حركة حماس	2,500
حركة فتح	1,100
لجان المقاومة الشعبية	600
الجبهة الشعبية	250
الجبهة الديموقراطية	50
جبهة التحرير العربية	202
الجبهة الشعبية القيادة العامة	100
كتائب أحمد أبو الريش	90
مجموعات وديع حداد	70
مستقلون	540
المجموع	**5,502**

2. عمل القوة التنفيذية والصعوبات:

واجهت القوة التنفيذية طيلة فترة عملها عدة صعوبات، أبرزها حملة تشويه إعلامية واسعة، وعدم تعاون من قِبَل الأجهزة الأمنية الأخرى، وتصريحات دائمة للرئيس عباس بعدم شرعيتها. بالإضافة إلى صعوبات تجهيزية بسبب قلة الإمكانيات، مثل قلة المركبات بل حتى عدم وجود ما يكفي لتغطية جميع الأفراد بالزي الموحد، وكانت أسلحتها هي أسلحة التنظيمات التي شاركت فيها بأفرادها، ووجدت صعوبة في إيجاد مواقع وأماكن تستقر فيها، فكان مثلاً أن استقرت في مصنع سابق لإحدى المستوطنات في خان يونس، وفي

شقة سكنية بالكاد تتسع للمكاتب في المنطقة الوسطى. كما تعرض عناصر القوة في كثير من الأحيان للاستهداف المتعمد من قبل بعض أعضاء حركة فتح أو كتائب شهداء الأقصى، أو من قِبل الأجهزة الأمنية الأخرى (التابعة لفتح وللرئيس محمود عباس).

لكنها على الرغم من هذا تمكنت من تحقيق إنجازات عجز عنها أي من الأجهزة الأمنية الأساسية القائمة، خصوصاً في مجال محاربة العصابات والإجرام وشبكات المخدرات والسقوط الأخلاقي والتزوير، مما أكسبها احتراماً شعبياً واجهت بها حملات التشويه الإعلامية الواسعة بحقها. كما تبنّت الولايات المتحدة موقف فتح والرئاسة الفلسطينية؛ فصرحت وزيرة الخارجية الأمريكية كوندوليزا رايس Condoleezza Rice بأن "لحماس جيشاً في قطاع غزة اسمه القوة التنفيذية تستقوي فيه الحكومة التي تقودها حماس"[70]. وأخذ التحريض الإعلامي على هذه القوة شكل وصف أنها القوة "التابعة لحماس" في كل ذكر لهذه القوة، بينما نادراً ما يذكر مع اسم أي من الأجهزة الأمنية "الفلسطينية الرسمية" وصف "التابعة لفتح"، وهي التي تتشكل تقريباً بشكل كامل من المنتسبين والمؤيدين لحركة فتح، مقارنة بالقوة التنفيذية التي تشهد مشاركة واسعة للفصائل، خصوصاً كتائب شهداء الأقصى التابعة لفتح، وعلى الرغم من تأكيد وزارة الداخلية على أن معظم العاملين في هذه القوة متفرغين ومسجلين في الدوائر ضمن الأجهزة الرسمية.

وقد اضطرت القوة التنفيذية في مواجهة حملات التحريض والتشويه إلى إصدار بيان لمكتبها الإعلامي تعلن فيه أنها ستقاضي قانونياً الوسائل الإعلامية التي لا تمارس العمل الحيادي، بعدما

---

[70] جريدة الوطن، السعودية، 2007/1/8.

حاولت الاتصال بها لتوصيل موقفها الحقيقي ووجهة نظرها دون نتيجة[71].

كما أن الحكومة الفلسطينية لم تستخدم القوة التنفيذية كأداة ضغط أو تهديد، بل حرصت على انضباطها وفق ما تنصّ عليه القوانين والأنظمة، وقامت بإعادة نشرها أو سحبها من بعض الأماكن مراعاة للأوضاع الأمنية الراهنة في حينه، واتخذت الإجراءات اللازمة للعمل على دمجها في الأجهزة الأمنية الموجودة، جهاز الشرطة تحديداً، بأسرع وقت ممكن، مؤكدة دائماً أن هذه القوة "ليست تشكيلاً جديداً، ولكنها خطوة على طريق دمجها في الأجهزة الموجودة، وخصوصاً جهاز الشرطة لإعادة هيبتها، وبالتالي قيامها بفرض النظام والقانون"[72]. وحتى بعد اتفاق مكة، واعتماد وزير الداخلية المستقل الجديد هاني القواسمي للخطّة الأمنية، صرح القواسمي أن هذه القوة تشكلت بقرارات، وسيتمّ التعامل معها، والاستعانة بها، ونشرها في الشوارع إلى جانب قوى الأمن لحفظ النظام[73].

3. الجدل القانوني:

منذ إنشائها، أثارت القوة التنفيذية جدلاً سواءً بخصوص قانونية إنشائها أم بخصوص انتماءات أفرادها أم في إمكانية ضمهم إلى عداد موظفي الأجهزة الأمنية.

---

[71] وكالة معاً الإخبارية، 2007/1/25.

[72] انظر مثلاً: الشرق الأوسط، 2006/5/27؛ وعرب 48، 2006/6/7؛ والحياة، والغد، 2006/6/8؛ والسفير، 2007/1/10؛ والقدس، 2007/3/6

[73] وكالة معاً، 2007/4/15.

وقد أصدر الرئيس الفلسطيني محمود عباس مرسوماً يلغي قرار وزير الداخلية بتشكيلها، كما أمر بعد تشكيلها بحلّها، إلا أن قرارات عباس هذه كانت أيضاً مثار جدل، عما إذا كان يحقّ للرئيس الفلسطيني حلّ هذه القوة وإلغاء قرار وزير الداخلية.

واستند وزير الداخلية ورئيس الحكومة في إنشاء هذه القوة إلى القانون الأساسي الفلسطيني، حيث صرّح إبراهيم صلاح مدير مكتب وزير الداخلية الفلسطيني أن:

هذه القوة شكلت في إطار صلاحيات وزير الداخلية وبشكل واضح حسب القوانين الفلسطينية والقانون الأساسي، حيث نصّت المادة 69 أن مسؤولية حفظ النظام والأمن الداخلي من صلاحيات وزير الداخلية، وأن إعداد الجهاز الإداري ووضع هياكله وكافة الوسائل اللازمة له والإشراف عليه من صلاحيات وزير الداخلية، كما نصّت الفقرة التاسعة (أ) أن إنشاء أو إلغاء المؤسسات أو السلطات وما في حكمهم من وحدات الجهاز الإداري، الذي يشملهم الجهاز التنفيذي التابع للحكومة. كما أن هناك نماذج موجودة سابقة تؤكد ذلك، فمثلاً لم يصدر قرار أو مرسوم من الرئيس بتشكيل القوة التنفيذية التابعة للأمن الوقائي، التي تسمى فرقة الموت بقيادة نبيل طموس، أو الفرقة التي شكلها محمد دحلان عقب اندحار الاحتلال الصهيوني من قطاع غزة، وهو ما يطلق عليه اسم "الجيش الشعبي"، ولم تكن بقرار من الرئيس وهي ما زالت فاعلة لغاية الآن على الرغم من أنها شكلت لمهمة خاصة، كل هذا يؤكد أن الوزير هو الوحيد المخول بإصدار مثل هذه القرارات[74].

[74] فلسطين المسلمة، 2006/6/1.

وردّاً على قرار الرئيس عباس بخصوص حلّ القوة، ذكرت رئاسة المجلس التشريعي الفلسطيني في بيان لها أن الرئيس عباس لا يمتلك صلاحيات تنفيذية تخوله إنشاء أو إلغاء قوة أمنية تخضع لصلاحيات مجلس الوزراء ووزير الداخلية[75]. كما أصدرت كتلة حماس في التشريعي بياناً استنكرت فيه قرار الرئيس "المتسرع"، والذي يتجاهل قانون الخدمة المدنية والقانون الأساسي، وأكدت أنه على الرغم من أن الرئيس هو القائد الأعلى للقوات المسلحة الفلسطينية، إلا أن هذا لا يعطيه الحقّ في تجاوز القانون أو تجاهل الحكومة والمجلس التشريعي المنتخب، "لأننا لا نعيش حالة دكتاتورية، وإنما نعيش نظاماً ديموقراطياً برلمانياً يعطي لكل ذي صلاحية صلاحياته بنصّ واضح"[76].

كما أكدت الحكومة أنها، وخلافاً لما أشيع، توافقت مع الرئيس الفلسطيني بشأن إنشاء هذه القوة[77]. وقد نشرت وكالة الأنباء الفلسطينية (وفا) نصّ رسالة خطّية من رئيس الوزراء الفلسطيني إسماعيل هنية إلى الرئيس محمود عباس مؤرخة بتاريخ 2006/4/22، أنه وبعد حديث بين الاثنين في غزة حول سبل القضاء على الفلتان في الشارع الفلسطيني، "وبناءً على موافقتكم"، شرع السيد وزير الداخلية في الترتيب والإعداد لإنشاء القوة، موضحاً أن الرئيس الفلسطيني "بارك هذا التوجُّه". ويضيف هنية في الرسالة أن "الوحدة المشار إليها ليست تشكيلاً جديداً، ولكنها خطوة على طريق دمجها في الأجهزة الموجودة، وخاصة جهاز الشرطة لإعادة هيبتها، وبالتالي قيامها بفرض النظام والقانون"، مشيراً إلى أنه "طبقاً لأحكام المادة

---

[75] وكالة الأنباء الألمانية (د ب أ)، نشرته الدستور، 2007/1/11.

[76] الوطن، السعودية، 2007/1/8.

[77] انظر مثلاً: مقابلة مع خالد مشعل، الوطن، قطر، 2006/6/1؛ ومقابلة مع سعيد صيام، موقع الإخوان المسلمون: إخوان أون لاين، 2006/6/3.

الثالثة من قانون الخدمة في قوى الأمن، واستناداً لأحكام المادة 69 من القانون الأساسي، تمّ استحداث القوة لتكون مساندة لقوة الشرطة – الأمن الداخلي وتابعة له"، من دون "المسّ بالهيكلية لقوى الأمن الثلاث، وهي تابعة لقوى الأمن الداخلي"[78].

لكن رئيس ديوان الرئاسة رفيق الحسيني عاد وأكد بعد نشر هذه الرسالة، صدور قرار الرئيس بإلغاء إنشاء القوة التنفيذية في الحادي والعشرين من شهر نيسان/ أبريل الماضي، ونشره في الصحف المحلية في اليوم الذي يليه. وأشار إلى أن عدد الرسائل التي أرسلت من قبل ديوان الرئاسة إلى رئاسة الوزراء وأمين عام رئاسة الوزراء ووزير الداخلية بلغت عشر رسائل، وجميعها تؤكد على عدم شرعية إنشاء هذه القوة كجسم منفصل عن الأجهزة الأمنية الفلسطينية. وأضاف الحسيني أن الرئيس عباس وافق بالفعل على تفريغ دفعتين تبلغ قوامهما 5,100 عنصر على مرتبات الأجهزة الأمنية، بناء على طلب وزير الداخلية سعيد صيام، لكن ليس من أجل تشكيل جسم منفصل عن الأجهزة الأمنية، الأمر الذي يخالف قانون الأجهزة الأمنية الذي صدر عام 2005.

وقال الحسيني إن وزير الداخلية فاجأ الرئاسة بوجود جسم مشكل خارج الأجهزة الأمنية، ولا يتلقى تعليماته من قيادات الأجهزة كما هو متبع، بل يتلقى أوامره مباشرة من وزير الداخلية، وأن صيام طالب بعد ذلك بتفريغ 1,700 عنصر على ملاك جهاز الشرطة، إلا أن الرئيس عباس رفض هذا الطلب، لأنه لا يريد تشكيل قوة تنفيذية في الضفة الغربية، كما شكلت قوة تنفيذية في قطاع غزة. كما شدد الحسيني على أن هذه القوة يجب أن تدمج في الأجهزة

---

[78] السفير، 2007/1/10.

الأمنية، وإلا فأنها ستبقى غير شرعية، خصوصاً وأنها أصبحت طرفاً أساسياً في حالة الانفلات الأمني الذي شهده قطاع غزة، واقترح أن يقوم عناصر القوة بتسليم أنفسهم إلى الأجهزة الأمنية، وإلا سيتمّ ترقين قيودهم[79].

أما وزارة الداخلية وحركة حماس فكان لهما رأي آخر فيما يتعلق بدمج القوة بالأجهزة الأمنية، يعترض أولاً على استعمال كلمة دمج إذ أن القوة التنفيذية هي في الأصل ضمن الأجهزة الأمنية، لكن واقع الأجهزة الأمنية الأخرى الحالي من ترهل وفساد وفوضى يجعل من الصعب توحيدها مع أو ضمن هذه الأجهزة. كما أن هذه القوة شكلت للتعويض عن التقصير الحاصل في أداء الأجهزة الأمنية الأخرى فيما يتعلق بحفظ النظام والقانون، وكحلّ مؤقت لمشكلة سلب صلاحيات الوزير فيما يتعلق بالأمن وحفظ النظام، وبهذا فإن وضعها تحت تصرف قيادة الأجهزة الأمنية التابعة للرئيس سيؤدي إلى مزيد من التأزم، بل لعله سيفقدها فاعليتها.

وهكذا فقد كانت القوة التنفيذية حتى بتفاصيلها مثار جدل دائم، اشتد خصوصاً في أوائل العام 2007، حين جدد الرئيس عباس قرار حلّها، فردّ وزير الداخلية بقرار زيادة أعضائها. فرأى مستشار الرئيس الفلسطيني نبيل عمرو أن القوة التنفيذية أخذت، ومنذ اليوم الأول لتشكيلها وضع الميلشيات الخاصة، ولم تلتزم بالعمل الأمني وفق المنظومة الفلسطينية الرسمية، وبالتالي كان على عباس أن يتخذ مثل هذا القرار، وأضاف أن "لا أحد يتربص بها والعكس هو الصحيح، حيث إن هناك أكثر من مخالفة سجلت عليها من قبل لجنة المتابعة"[80].

[79] وكالة وفا، 2007/1/10؛ **والأيام**، **فلسطين**، 2007/1/11.

[80] **الحياة الجديدة**، 2007/1/7.

لكن الناطق باسم القوة التنفيذية أكد أنها لم تتلقَ أي كتاب رسمي بقرار حلّها من أي جهة كانت[81]. كما رفض وزير الداخلية القرار مجدداً، وعدّه غير ملزم للحكومة إذ يتنافى مع قانون قوى الأمن، بل محاولة من عباس للتغطية على ممارسات غير قانونية قامت بها "أجهزة أمنية أخرى ضدّ أبناء الشعب الفلسطيني". وأعاد تأكيد موقف حماس الرافض حالياً لفكرة دمج القوة في الأجهزة الموجودة، "لأن هذه الأجهزة فيها من الضعف وتعدد الولاءات ما يشكل عبئاً على قضية حفظ النظام والأمن"، كما أبدى استعداده لصياغة الأجهزة الأمنية مجتمعة لخدمة التوافق الوطني، حتى لا يكون لكل جهة قوة تأتمر بأمرها، مذكراً بأن الحكومة دعت قبل ذلك بأشهر لتكوين مجلس أمن وطني قومي، يرأسه عباس، و لم يستجب لها[82].

وعلى الرغم من أن مسألة شرعية أو قانونية القوة التنفيذية واضحة، فإن حركة فتح ظلّت تنشر المآخذ على هذه القوة، فهي تارة "ميليشيا خاصة"، وتارة "تتسبب بالفوضى وترتكب الجرائم"، وتارة "يفتقر أفرادها للتأهيل والتدريبات اللازمة". وإذا كان أفراد هذه القوة بالفعل يفتقدون عند تأسيسها للتأهيل الملائم إلا أن القانون الفلسطيني ينصّ على أنه يجوز في حالات الضرورة القصوى، ولفترة مؤقتة أن يستدعى للخدمة صنفان: أولاً ضباط أنهوا خدمتهم، أو المكلفون بأوامر خاصة، وقد صرّح مدير مكتب صيام، إبراهيم صلاح عند تأسيس هذه القوة، أنها "تندرج تحت هذا البند؛ فيمكن اعتبار أفراد هذه القوة مكلفة بأوامر خاصة، لضبط الأمن لحين تسوية أوضاعهم ودمجهم في جهاز الشرطة"[83].

---

[81] **الاتحاد**، 2007/1/7.

[82] المركز الفلسطيني للإعلام، 2007/1/7.

[83] **فلسطين المسلمة**، 2006/6/1.

كما أن أفراد القوة التنفيذية تلقوا لاحقاً التدريبات اللازمة، وبدأت عملية تسجيل أفراد القوة وفق سجلات رسمية، إلا أنه كانت هناك بعض العراقيل الإدارية؛ فمثلاً ردّت دائرة الإدارة والتنظيم في السلطة الفلسطينية في 2007/3/26 قائمة قدمتها القوة التنفيذية لمنح أفرادها رتباً عسكرية بذريعة "العدد الهائل والرتب العسكرية الكبيرة المقدمة في اللائحة"[84]، علماً بأن مجمل عدد أفراد القوة التنفيذية ككل، والمشكّلة من معظم الفصائل، لا يساوي عدد التعيينات التي قام بها الرئيس الفلسطيني محمود عباس في الأجهزة الأمنية، والتي قُدرت بـ 15 ألف عنصر أمني جديد[85].

ومما يُدعّم الموقف الحالي لهذه القوة الشرعية الشعبية التي اكتسبتها بعد أن أثبتت كفاءتها، على الرغم من قلة عدد أفرادها وتجهيزاتها مقارنة بالأجهزة الأمنية الأخرى، والتي يفوق عدد أفرادها الـ 70 ألفاً، ونجحت حيث فشلوا في تحدي حفظ القانون والنظام مما أثار عليها حفيظة الأجهزة الأمنية الأخرى والرئيس الفلسطيني محمود عباس ومعاونيه، والساعين لإفشال حكومة حماس. وإن كانت القوة التنفيذية أخطأت في بعض التصرفات خلال مرحلة أخطأ فيها الجميع في غزة (مرحلة الحسم – منتصف حزيران/ يونيو 2007) إلا أن استقرار الوضع الأمني في غزة بعد هذه المرحلة يدلّ أيضاً على كفاءتها.

ج. الخطّة الأمنية:

بعد اتفاق مكة وتشكيل حكومة الوحدة، قدّم وزير الداخلية الجديد في الحكومة، هاني القواسمي (مستقل)، خطّة أمنية موحدة

---

[84] شبكة فراس برس الإعلامية، عمّان، 2007/3/26.
[85] معين الطناني، مصدر سابق.

أقرّها مجلس الوزراء، ووافق عليها الرئيس الفلسطيني محمود عباس وأبدى دعمه لها واستعداده تقديم كافة التسهيلات لتنفيذها.

وقد حددت الخطّة أسباب انتشار ظاهرة الفلتان الأمني، ووضعت استراتيجية عامة للمرحلة القادمة، تمارس فيها وزارة الداخلية عملها كجهة حيادية ومؤسسة وطنية مسؤوليتها الأمن وسلامة المواطن. ومن أبرز ما تضمنته الخطّة:

1. إعادة دراسة الهيكل التنظيمي لوزارة الداخلية وتحديد مدونة اختصاصات لكل جهاز من أجهزتها، مع إعادة التوصيف الوظيفي للمحافظات والإدارات والشرطة والأمن، وذلك بهدف الاستفادة من العدد الفائض في مجالات العمل المهمة، وذلك باتباع أساليب الإدارة الحديثة، مع الاستناد إلى أساليب الإحصاء التحليلي لتشخيص وحصر الظواهر الإجرامية، وأنماط السلوك الإجرامي وأساليبه، مع إنشاء مركز للبحوث والدراسات الشرطية والأمنية، لدراسة المعوقات والمشاكل والظواهر الإجرامية ووضع الحلول المناسبة لها.

2. استحداث إدارة توثيق المعلومات، بهدف توثيق المعلومات الخاصة بالظواهر الإجرامية والنمط الإجرامي، وتسجيل أصحاب السوابق والمجرمين والمشبوهين.

3. اتباع سياسة تدريبية حديثة هادفة لإعادة تدريب وتأهيل العاملين، والتركيز على زيادة القدرات والمهارات، وذلك بصفة مستمرة لتشمل كافة منتسبي وزارة الداخلية، وعلى فترات زمنية قصيرة.

4. استحداث منصب المراقب العام بالوزارة بهدف تفعيل الرقابة

الإدارية والميدانية، والتأكد من احترام المظهر العام وحسن معاملة الجماهير، ومراعاة مبادئ حقوق الإنسان، والعمل بنظام تقارير كفاية الأداء السنوية واعتبارها المعيار الأساسي للترقي للرتب الأعلى.

5. التأكيد على التعامل الكامل مع السلطة القضائية ووزارة العدل والنيابة العامة؛ لدفع استمرارية منظومة العمل اليومي مع العمل على سرعة تنفيذ الأحكام القضائية، وتقيد رجال الشرطة من ذوي الضبطية القضائية الالتزام الكامل بمواد القانون المتعلقة بالإجراءات مثل: القبض، والتوقيف، والتفتيش... إلخ، وتقديم الدعم والحماية للقضاة والمحاكم، بهدف سرعة البتّ في القضايا المتراكمة أمام المحاكم.

6. التعامل والتعاون التامّ مع المجلس التشريعي ولجانه المختلفة، وخصوصاً لجنة الداخلية والأمن. أما في المجالات الأمنية فإن مجلس الأمن القومي الأعلى يعدّ الحاضنة الرئيسية لأي خطط أمنية لحماية الأمن العام للوطن، وفرض السيطرة الأمنية، وبسط سيادة القانون، ووضع الخطط الطارئة والمحت ملة لمواجهة أي أزمات تعصف بالوطن.

7. التوجه للتعاون الكامل والتنسيق بين أجهزة وزارة الداخلية وقوات الأمن الوطني والأجهزة الأمنية الأخرى – بما في ذلك القوة التنفيذية – والمشاركة في حماية الوطن وتوفير الأمن للمواطنين.

وقد تضمنت الخطة آلية تنفيذ لما بعد "المائة يوم الأولى"، تقترح تشكيل جهاز (قوات الأمن الداخلي المركزية) ونشره (الدوريات،

نقاط التفتيش،...) وتشكيل غرفة عمليات خاصة بالوزارة وأخرى مشتركة، على أن تتولى غرفة عمليات الشرطة مهامها لحين تشكيلها. وتضمنت الخطّة كذلك آلية للمتابعة والتقييم تشرك فيها أيضاً الرأي العام، وحددت أبرز ما قد يعوق تطبيق الخطّة من معوقات سياسية وإدارية أو في التدريب للعمل على تلافيها[86].

حظيت هذه الخطّة بدعم كامل من كافة الأطراف، الرئاسة والحكومة والتشريعي، كما أقرّها مجلس الوزراء في 2007/4/14. وفور إقرارها أعلن عن تشكيل مجلس الأمن القومي خلال اليومين القادمين. وفي حين لم يشأ القواسمي الإعلان عن موعد نهائي للبدء بتطبيقها، صرح وزير الإعلام في حكومة الوحدة الوطنية مصطفى البرغوثي، أن البدء بتطبيق الجزء الأول من الخطّة، سيبدأ أيضاً بعد يومين، وأن الخطّة ستعمل على تطبيق قرارات القضاء الفلسطيني، وسيتمّ تنفيذها بالتعاون الكامل بين وزارة الداخلية والمجلس التشريعي الفلسطيني والرئاسة والمجتمع الفلسطيني ومؤسساته المدنية، وأنه سيكون هناك تركيز خاص على مكافحة الجريمة المنظمة، وإنهاء الصفة الحزبية للأجهزة الأمنية الفلسطينية، وسيكون ذلك بالتكامل مع الجهود للمصالحة الوطنية الشاملة[87].

وبالفعل، فقد أصدر الرئيس عباس مرسوماً رئاسياً في 2007/4/15 يقضي بتشكيل مجلس الأمن القومي الفلسطيني برئاسته، كجهاز أمني غير تنفيذي مهمته وضع السياسات الاستراتيجية للأمن الفلسطيني الإشراف عليه، بما في ذلك الأمن الاقتصادي والمفاوضات الأمنية،

---

[86] "الخطّة الأمنية لوزارة الداخلية،" موقع أمد للإعلام، 2007/4/14، في:
http://www.amad.ps/arabic/?action=detial&id=317
[87] الأيام، فلسطين، والمستقبل، 2007/4/15.

كما حدد المرسوم أعضاء المجلس[88].

لكن وبعد يومين فقط على هذا المرسوم، أي في 2007/4/17 قدّم وزير الداخلية في حكومة الوحدة هاني القواسمي استقالته إلى مكتب رئاسة الوزراء.

وعلى الرغم من أن البعض حاول إرجاع الاستقالة لضغوط عباس بأن تشمل الخطّة منع إطلاق صواريخ المقاومة على المستوطنات ورفض القواسمي لهذا من مبدأ أن الخطّة هي لمعالجة ظاهرة الفلتان الأمني، وليس التصدي لحركات المقاومة؛ أو أنها جاءت بتنسيق مع هنية أو قياديي حماس للضغط على عباس وتحميل حركة فتح مسؤولية الفلتان الأمني[89]؛ فإن نصّ الاستقالة الرسمي نشر لاحقاً، ليؤكد أن السبب الرئيسي للاستقالة هو صراع على الصلاحيات مع مدير عام الأمن الداخلي رشيد أبو شباك، حيث إن الأخير كان ما يزال يملك كافة الصلاحيات التنفيذية والسلطة على كافة رجال الأمن، كما أن وزير الداخلية كان ما يزال يفتقد الاستقلالية المالية للوزارة، وكشف نصّ الاستقالة بذلك موقف فتح التي ادعت أنها تواصلت مع وزير الداخلية، وأن الأخير ذكر لهم أن أسباب الاستقالة لا دخل لها بالعقيد أبو شباك[90].

وذكر القواسمي أن سبب استقالته يعود لمعوقين رئيسين يمنعانه من تطبيق الخطة الأمنية أو تحقيق أي إنجاز ملموس في ملف الفلتان الأمني، وهما:

1. كل الصلاحيات هي مع مدير عام الأمن الداخلي، وأنه

---

[88] جريدة الأهرام، القاهرة، 2007/4/16.

[89] الشرق الأوسط، والنهار، 2007/4/24.

[90] جريدة إيلاف الإلكترونية، لندن، 2007/5/1.

(القواسمي) لا يملك أية صلاحية إلا من خلال الأول. وضمن هذا الإطار مثلاً فإن الوزير لا يملك مطلقاً استدعاء شرطي أو ضابط ملازم لمقابلته إلا من خلال مدير عام الأمن الداخلي، وللأخير حق الرفض. ومن الأمثلة التي أوردها القواسمي في نصّ استقالته بهذا الخصوص، تعليمات خطّية لمدير عام الشرطة اللواء علاء حسني.بمنعه من تنفيذ تعليمات بنقل ثلاثة من الشرطة للعمل مع القواسمي في الحراسة؛ وتعميم صارم من أبو شباك يفرض على كافة العاملين بالأجهزة الأمنية، بعدم الاتصال أو تلقي التعليمات من أي مستوى في الوزارة إلا منه شخصياً؛ ومنع أبو شباك للعقيد أحمد ساق الله من مقابلة الوزير في مكتبه، بعدما كان الأخير طلب ذلك لتعيينه مديراً لمكتب الوزير للشؤون العسكرية.

2. عدم وجود التزامات جادة، فعلاً وليس قولاً، من قبل فريق السلطة، لتحقيق استقلالية وزراة الداخلية وضمن هذا ما ذكره القواسمي أيضاً في استقالته عن أنه فوجئ بمراسيم رئاسية مفادها تبعية الإدارة المالية للداخلية للسيد رضوان الحلو مدير عام الإدارة المالية في الأمن العام[91].

أما رشيد أبو شباك فقد صرّح في 2007/4/30، أنه لا يشعر أن ثمة أزمة بينه وبين القواسمي الذي يحترمه على المستوى الشخصي والوطني، مشيراً إلى أن وجود القواسمي كشخصية مستقلة في الحكومة قد يسهم بشكل كبير في إنهاء حالة التجاذب التي شهدتها وزارة الداخلية الفلسطينية. لكنه أقرّ بإمكانية أن "يتبلور فهم خاطئ

[91] انظر: نصّ استقالة وزير الداخلية الفلسطيني هاني القواسمي،2007/4/17 .

لمسألة الصلاحيات" لافتاً إلى أنه لا "يتعدى على صلاحيات أحد بممارسته لصلاحياته وفقاً للقانون". وقال إن "التعليمات التي أصدرتها جاءت من فحوى القانون... فأنا لم أتجنَّ، و لم أحاول أن أمارس أكثر من حقّي الذي منحني إياه القانون"[92].

وقد رفض رئيس الوزراء استقالة القواسمي، وتركها معلقة وقال إنه سيطالب الرئيس الفلسطيني بإقالة محمود أبو شباك (كان عباس حينها في جولة خارجية)، لكن القواسمي أصرّ عليها لفشله في الحصول على صلاحيات تخوّله تنفيذ الخطّة الأمنية على الرغم من الوعود المتكررة من عباس، فما كان أمام الحكومة إلا قبول الاستقالة، ليتولى رئيس الوزراء إسماعيل هنية القيام بأعمال وزير الداخلية[93].

وفي أواخر شهر أيار/ مايو 2007، وبعد لقاء جمع الرئيسين عباس وهنية، أصدر الأخير بصفته قائماً بأعمال وزير الداخلية عدة قرارات تمهيدية للبدء بتطبيق الخطّة الأمنية، وأكّد محمد المدهون رئيس ديوان رئيس الوزراء على أن العمل جارٍ للشروع بالبدء بتنفيذ الخطّة الأمنية، وأنه تمّ التوافق على اتخاذ جملة من القرارات على المستويات العليا في المؤسسة الأمنية، وأن هناك بعض التنقلات والتعديلات على بعض المراكز العليا حسب ما تقتضيه المصلحة الوطنية، وأن العمل جارٍ من أجل تفعيل غرفة العمليات المشتركة من أجل تطبيق هذه الخطّة[94].

وإذا كانت تطورات أحداث شهر حزيران/ يونيو 2007 وما تلاها قد قضت تقريباً على أي فرصة ممكنة لتنفيذ الخطّة الأمنية، فإن حيثيات تطبيق الخطّة أثبتت بما لا يدع مجالاً للشكّ إصرار عدد

---

[92] جريدة البيان، الإمارات، 2007/4/30.

[93] الحياة، 2007/5/15.

[94] وكالة معاً، 2007/5/30.

من المتنفذين المحسوبين على فتح لاحتكار أجهزة الأمن وتعويق عمل وزارة الداخلية، حتى لو كان الوزير مستقلاً كما في حالة القواسمي.

5. إدارة المعابر:

بتاريخ 2006/3/24 قرر الرئيس الفلسطيني محمود عباس إنشاء هيئة للإشراف على المعابر برئاسة صائب عريقات، بعد أن كان الإشراف على المعابر سابقاً من صلاحيات الحكومة. وفي أوائل شهر حزيران/ يونيو 2006، كشف العقيد سليم أبو صفية مدير عام أمن المعابر عن ترتيبات تجرى لتسلّم قوات أمن الرئاسة كافة المعابر على غرار تسلمها لمعبر رفح، مبرراً هذا بأن "المصلحة الوطنية تقتضي ضرورة أن تكون مؤسسة الرئاسة هي المرجعية للمعابر"،كما أشار إلى تقليص حجم تواجد مختلف وزارات السلطة في المعابر، وإلى دخول عدد من أفراد أمن الرئاسة كموظفين دائمين في المعابر[95]. وبناء على هذا، فقد انتشرت لاحقاً قوات الحرس الرئاسي عند معبر المنطار، ثم عند معبر بيت حانون وكذلك الممرات الحيوية، وبينها الممر بين معبري رفح وكرم أبو سالم.

وعندما أصدر وزير الداخلية سعيد صيام قراراً بتعيين محمود فرج مديراً عاماً لأمن المعابر، قام الرئيس محمود عباس بإصدار جملة من القرارات المتعلقة بالمسؤولين عن المعابر، أبرزها إلغاء تعيين فرج وإعادة تعيين سليم أبو صفية، وكذلك تعيين موسى أبو غزة مديراً عاماً لمعبر رفح البري، وتعيين سمير الحارون مديراً عاماً لمعبر رفح التجاري المعروف باسم كرم أبو سالم أو كيرم شالوم[96].

---

[95] الأيام، فلسطين، 2006/6/2.

[96] عرب 48، 2006/8/30.

سياسات الرئيس الفلسطيني تجاه المعابر، بررها في إطار "ما أكره
عليه" لتسيير الأمور، إذ أن الوضع الراهن من حصار دولي مفروض
على حكومة حماس واستحالة أي تعاون بين حماس والإسرائيليين،
يستدعي، بحسب تصريحات عباس ومؤيديه، من منصب الرئاسة
تحركاً تمليه خبرته في المفاوضات وعلاقاته الدولية. مع الإشارة إلى
أن الحكومة لم تترك لها الفرصة لإدارة هذه المعابر، على الرغم من
كل المرونة التي أبدتها في مسألة "إسرائيل" والمفاوضات، كما أنها
تولت التنسيق مع السلطات الإسرائيلية بشأن قضايا أمنية يومية
أخرى؛ مثل عدد التصاريح التي تمنح للعاملين الفلسطينيين.

وهذا ما يؤيد ما اتجه إليه أغلب المحللين، من أن نقل صلاحية
الإشراف على المعابر من الحكومة إلى الرئاسة، كان استجابة من عباس
لرغبة أمريكية دولية. كما أن إدارتها تتمّ بتنسيق فلسطيني (القوات
التابعة للرئيس عباس)/ أمريكي/ إسرائيلي. وقد صرح مساعدو
المنسق الأمني الأمريكي بين "إسرائيل" والفلسطينيين الجنرال دايتون
Dayton، أن مبلغ خمسة ملايين دولار خصص لشراء عربات
والإنفاق على بعض التحسينات للبنية الأساسية عند معبر المنطار،
تمهيداً لتولي الحرس الرئاسي لاحقاً السيطرة على كل المعابر الحدودية؛
وذلك لتعزيز وضع عباس سياسياً، نظراً لمرور العائدات التجارية من
خلالها[97].

فالمعابر هي المنفذ الأخير للحكومة التي تقودها حماس على
العالم الخارجي، وبنقل المعابر من سيطرتها يكون الحصار قد صار
محكماً؛ إذ إنَّ سلطة الرئيس محمود عباس ملتزمة بالتعاون "الجادّ"
مع الأمريكيين. ولعل أكبر دليل على هذا حادثة إيقاف الناطق باسم

---

[97] السفير، 2006/11/23.

حماس سامي أبو زهري، وهو يحاول إدخال مبالغ مالية تقدر بمليون دولار أمريكي إلى غزة عبر معبر رفح من قبل أجهزة الأمن الفلسطينية، بعد أن مرّ على المراقبين الدوليين دون توقيفه، بحجة أن إدخال الأموال إلى غزة يجب أن يكون عبر وزارة المالية، على الرغم من أن الحصار في ذلك الحين كان قد اشتد، وكانت الحكومة تعاني من حظر على كافة أشكال الدعم الرسمي [98].

6. السياسة تجاه فصائل المقاومة وسلاحها:

لم يكن الرئيس عباس مقتنعاً بعسكرة الانتفاضة والعمل المقاوم، ولطالما سعى إلى سحب سلاح الفصائل ووقف المقاومة؛ وتكرر أن يصف عمليات المقاومة بأنها "عبثية" أو "حقيرة"... واعتبرها سبباً رئيسياً في حصار الفلسطينيين ومعاناتهم، في الوقت الذي سعى فيه لنزع أسلحة المقاومة تحت شعار "سلطة واحدة وسلاح واحد".

وإذا كان الرئيس الفلسطيني والحكومة الفلسطينية اتفقا على إنهاء مسألة فوضى السلاح لما تسببه في تفاقم مشكلة الفلتان الأمني، فإنهما كانا في صراع مستمر في كيفية لجم هذه الفوضى.

ويصرّ عباس على حلّ "الميليشيات"، ونزع كل سلاح لا يقع تحت سيطرة الأجهزة الأمنية، بينما تتمسك حماس بموقفها الرافض لمسألة نزع سلاح المقاومة، والداعي إلى التفريق بين السلاح الفوضوي وسلاح المقاومة، إذ إنَّ الأول يمكن معالجته بالقانون والأجهزة الأمنية، أما الأخير فنزعه غير مطروح في هذه المرحلة لأنه مرتبط بزوال الاحتلال.

---

[98] القدس العربي، 2006/5/20.

وقد تضمن برنامج حكومة حماس بشأن الفصائل المقاومة، برنامجاً للتنسيق المشترك بينها كيلا يترك العمل المقاوم على عواهنه، مما قد يؤدي إلى إفساح المجال أكثر للسلاح الفوضوي. كما تعهد وزير الداخلية أنه لن يعتقل أي مواطن على خلفية انتمائه السياسي، ولن يتمّ التعرض للناشطين ولمنفذي الهجمات ضدّ العدو الإسرائيلي، تأكيداً على حقّ المقاومة[99]. حتى عندما كانت الاشتباكات تشتد، كانت الحكومة تحرص على إنهاء مظاهر التسليح، لا سحب السلاح كما ظلّ يطالب الرئيس الفلسطيني محمود عباس.

وعند تأسيس القوة التنفيذية، راعت وزارة الداخلية كافة الفصائل وأشركتها فيها، و لم تعتمد سياسة الإقصاء الوظيفي على أسس الانتماء، كما كانت العادة سابقاً في الأجهزة الأمنية التي تسيطر عليها فتح، بل هدفت من خلال تشكيل هذه القوة المشتركة إلى إنهاء الفلتان الأمني بتعاون بين كافة الفصائل. كما حرصت حكومة حماس في كافة الاتفاقات والمصالحات التي تمت، بما فيها الخطّة الأمنية[100]، على حماية سلاح المقاومة وضمان عدم نزعه أو المس به. وقد حاول عباس بدوره حماية أجندته، فانتقد مثلاً قرار وزير الداخلية سعيد صيام بإعلان حالة الاستنفار في صفوف الأجهزة الأمنية لمواجهة العدوان الإسرائيلي الواسع على قطاع غزة في تموز/ يوليو 2006، وقال إن هذا القرار لاغٍ باعتبار أنه يأتي من الرئيس فقط[101].

[99] **البيان**، 2006/3/24؛ و**عكاظ**، 2006/4/2.

[100] انظر مثلاً: "تفاصيل الخطّة الأمنية... وزير الداخلية يفشل في إقناع الفصائل بالموافقة التامة على التهدئة،" **الحياة**، 2007/4/18؛ و"هنية ينفي انقسام حماس... ويؤكد أن الخطّة الأمنية ستعمل على حماية المقاومة،" جريدة الأخبار، بيروت، 2007/4/21.

[101] **القدس العربي**، 2006/7/8.

أما بعد مرحلة الحسم، فقد أصدر عباس جملة من القرارات تمسّ أيضاً الفصائل وسلاح المقاومة، وباشرت بتنفيذها الأجهزة الأمنية التابعة له، وهو ما سيتمّ تناوله في قسم "الصراع على الصلاحيات الأمنية ما بعد إعلان حالة الطوارئ".

7. الدعوة إلى انتخابات تشريعية مبكرة:

كانت الانتخابات المبكرة أحد أبرز ما أثار الجدال في صراع الصلاحيات، فهي السلاح الذي طالما هدد عباس وفريقه حركة حماس باستعماله إما مباشرة أو تلميحاً. وفي كل مرة، كان سؤال واحد يفرض نفسه ويفرض الجدل حوله: هل يحقّ للرئيس الدعوة لانتخابات تشريعية مبكرة، أي بالأصح، هل يحقّ للرئيس الفلسطيني حلّ المجلس التشريعي؟

جرى الحديث عن الانتخابات المبكرة في أواخر شهر أيلول/ سبتمبر من العام 2006، ولما يمضِ على فوز حماس حينها في الانتخابات التشريعية ثمانية أشهر. كانت فتح تتحدث عن الانتخابات التشريعية المبكرة كخيار للخروج من الأزمة.

هذه التصريحات الأولية كانت في صيغتها أقرب للتلميحات، وعدّت من قِبَل قادة حماس استفزازاً وكلاماً سابقاً لأوانه[102]، ثم لما بدأت هذه الرغبة لدى عباس تبرز بشكل أكثر صراحة، وكثر الهمس حولها، اشتد الجدل حول ما إذا كان عباس يملك هذه الصلاحية.

---

[102] للاطلاع على تصريحات فتح وحماس المختلفة راجع مثلاً: **الاتحاد**، 2006/9/25؛ و**القدس العربي**، 2006/10/3؛ و**الوطن**، السعودية، 2006/12/4؛ و**الخليج**، 13 و2006/12/15؛ و**الغد**، 2006/10/3.

وبما أن القانون لا يذكر شيئاً عن هذا البند، ذهب مؤيدو حركة فتح إلى القول بأنه طالما أن القانون لا يتضمن مواداً تمنع الرئيس من الدعوة لإجراء انتخابات مبكرة، يتمّ التعامل وفق روح القانون الأساسي وليس فقط نصّه، وبالتالي فإن دعوة الرئيس الفلسطيني للانتخابات التشريعية المبكرة شرعية لأنها تستند إلى فكرة ومادة أن "الشعب هو مصدر السلطات". أما مؤيدو حركة حماس، فقالوا بأن القانون لا يعطي الرئيس هذه الصلاحية، وبالتالي فإنه لا يمتلكها. وقد مال الخبراء القانونيون إلى الرأي القائل بأن الرئيس لا يمتلك هذه الصلاحية، فالمجلس التشريعي هو السلطة التشريعية وهو سلطة مستقلة عن باقي السلطات، بل ويمنع القانون الأساسي المعدّل الرئيس من حلّه في حالة الطوارئ، أي حين تصبح صلاحيات الرئيس في أوجها. أما الرئيس ومؤسسات الرئاسة فهم جزء من السلطة التنفيذية، ويحق له، أي للرئيس، إقالة الحكومة، كما وتحقّ له الاستقالة، أي الدعوة لانتخابات رئاسية، أما الدعوة لانتخابات جديدة، فحتى لو بررت بأن "الشعب مصدر السلطات ويمارسها عن طريق السلطات التشريعية والتنفيذية والقضائية"، وهي المادة الثانية من القانون الأساسي، فإن هذه الجملة ذاتها في المقدمة تكمل: "على أساس مبدأ الفصل بين السلطات في الوجه المبين في القانون الأساسي". وبهذا فإن الدعوة لانتخابات تشريعية جديدة هي تدخّل من قِبَل السلطة التنفيذية، الرئيس، في السلطة التشريعية، وهذا يتعارض مع مبدأ الفصل التامّ بين السلطات، والذي يقوم عليه النظام الرئاسي. كما أنه من غير المعقول أن كل صلاحية لا يعطيها القانون للرئيس، لكن لا يمنعه إياها بنصّ محدد، تصبح من حقّه بذريعة "روح القانون"، خصوصاً وأن صلاحيات الرئس محصورة ومحددة بنص القانون.

ومما يؤكد أن الرئيس الفلسطيني لا يملك هذا الحقّ، هو ما أثير بعيد فوز حماس بالانتخابات التشريعية، حيث ذكرت صحيفة البيان الإماراتية في 2006/2/13 أنه تمّ دعوة النواب الفلسطينيين في المجلس المنتهية ولايته، "لحضور جلسة ختامية للمجلس التشريعي اليوم، يبحث خلالها نصاً يمنح الرئيس الفلسطيني حقّ الدعوة لإجراء انتخابات مبكرة وحلّ المجلس وانتخاب نائب لرئيس السلطة". وجاء في الخبر ذاته أن قيادة حماس اتصلت بشأن هذا الموضوع مع الرئيس عباس الذي أكّد لها "أن الجلسة لم تطلب منه مناقشة مشروع منح الرئيس صلاحية حلّ المجلس والدعوة لانتخابات جديدة. وقال إن هذا الموضوع ليس وارداً وأن إثارته تأتي للتشويش فقط". مما يؤكد أن هذا الحقّ ليس من صلاحيات الرئيس وإلا ما كانت هناك حاجة لمثل هذا المشروع.

وبغضّ النظر عن قانونية دعوة الرئيس للانتخابات التشريعية المبكرة، فإن الرئيس عباس دعا لانتخابات تشريعية مبكرة أكثر من مرة، كانت أولها في خطابه يوم 2006/12/16 الذي ختمه: "أليس في القانون الأساسي أن الشعب مصدر السلطات، فلنعد إلى الشعب لكي يقول كلمته، ويكون هو الحكم، وسأبحث، وقد بحثت مع لجنة الانتخابات المركزية في أسرع وقت ممكن، لبدء الاستعداد لهذا الأمر"[103]. وكان الحديث عن الانتخابات التشريعية المبكرة يعود كلما اشتدت الأزمة أو وصل الحوار بين فتح وحماس إلى مراحل حرجة[104]. كما تمّ تجاوز مرحلة "الحديث عن انتخابات تشريعية

---

[103] **الأيام**، فلسطين، 2006/12/17.

[104] راجع مثلاً: **الشرق الأوسط**، 2007/5/4؛ و**الأخبار**، 2007/6/27؛ والصحف الصادرة في الفترة 26–2007/6/30.

مبكرة" إلى الحديث عن بدء لجنة الانتخابات المركزية العمل[105]، لكن كل هذا لم يتجاوز مرحلة التهديد حتى كتابة هذه السطور.

دعوة عباس للانتخابات المبكرة قابلتها عدة ردود، أبرزها بيان الفصائل في دمشق الرافض لها (والذي شارك فيه القدومي)[106]، وكذلك بيان الحكومة الفلسطينية، الذي رفض أيضاً دعوة محمود عباس واعتبرها مخالفة دستورية، وتمثل انقلاباً على إرادة الشعب الفلسطيني[107]. حركة حماس ردّت على الدعوة للانتخابات التشريعية المبكرة بالقول إنها التفاف على الخيار الشعبي، وفي تصريحات مستفزة أحياناً طلبت ممن "تعبوا من مهمتهم الاستقالة"[108].

ومما كان بارزاً أيضاً في تصريحات حماس بشأن الانتخابات المبكرة أنها عدّتها استجابة من الرئيس الفلسطيني لضغوط خارجية، وهو ما أيدته لاحقاً عدة تقارير صحفية نشرت بهذا الشأن، إضافة إلى ترحيب ودعم كل من الاتحاد الأوروبي والبيت الأبيض لدعوة عباس للانتخابات المبكرة[109]. كما نشرت الحياة الجديدة في 2006/12/14 نقلاً عن وكالة رويترز، أن الإدارة الأمريكية تعدّ برنامجاً لمساعدة خصوم حركة حماس استباقاً لانتخابات فلسطينية مبكرة محتملة. كما ذكرت المستقبل اللبنانية في 2006/12/16 نقلاً عن وكالة يونايتد برس إنترناشيونال أن رايس تعهدت ألا يكون هناك مراقبون دوليون

[105] راجع مثلاً: الاتحاد، والخليج، والحياة، والغد، 2006/12/17.
[106] الحياة، 2006/12/17.
[107] الأيام، فلسطين، 2006/12/17.
[108] الحياة، 2006/12/17؛ وانظر مثلاً تصريح أسامة حمدان: "ليس من حقّ الطرف الآخر الدعوة إلى ذلك... وإذا شعروا بأنهم في مأزق سياسي فليستقيلوا. وليستقيل رئيس السلطة" في مقابلته مع السفير، 2006/10/12؛ وتصريح محمد نزال، "لماذا لا تجري انتخابات رئاسية مبكرة"، النهار، 2006/10/4.
[109] الحياة، 2006/12/17؛ والخليج، 2006/12/17.

في أي انتخابات مقبلة، وكذلك ضمنت عدم تعليق أي جهة خارجية على أي "تزوير محتمل" في هذه الانتخابات[110]. ثم نُشر بعد ذلك ما عُرِف بـ"خطّة عمل للرئاسة الفلسطينية"، والتي تضمنت توفير الدعم اللازم سياسياً ومالياً لعباس وفتح من أجل تمكين عباس من المضي في المفاوضات، ومن ثم إجراء انتخابات مبكرة.

8. طلب قوات دولية:

كانت القوات الدولية أيضاً مما لوّح به الرئيس الفلسطيني محمود عباس في مواجهة حماس، إذ أشار، هو وبعض معاونيه، أكثر من مرة إلى إمكانية نشر قوات دولية في غزة، بل طالب بهذا.

والبارز في موضوع القوات الدولية التي طالب بها عباس، أنه لم يتناول إلا القطاع بينما لم يطالب بذلك في الضفة الغربية، التي ينتشر فيها جنود الاحتلال وحواجزه، على الرغم من أن الرئيس الفلسطيني الراحل ياسر عرفات طالب أكثر من مرة بنشر قوات دولية في الضفة الغربية، و لم يلقَ طلبه أي تجاوب. ولذلك يمكن فهم مطالبات عباس هذه بأنها تأتي في إطار الصراع مع حركة حماس، ومحاولة كسر سيطرتها على القطاع بالاستعانة بقوى خارجية.

---

[110] المستقبل، 2006/12/16.

ثالثاً: إقالة حكومة هنية وإعلان الطوارئ وتشكيل حكومة طوارئ

كانت مراسيم عباس الثلاثة، إقالة هنية، وإعلان حالة الطوارئ، وتشكيل حكومة الطوارئ[111]، فور صدورها مثار جدل ونقاش، وبالأخص مرسوم تشكيل الحكومة، إذ لا يوجد في القانون الأساسي الفلسطيني ما ينصّ على تشكيل حكومة في حالة الطوارئ، حيث إنها حالة يفترض أن تكون "مؤقتة".

وتنوعت الآراء في هذه المراسيم، ما بين تأييد تامّ لقانونيتها أو رفض تامّ لها، في حين ذهب أكثرية الباحثين القانونيين إلى خلاصة مفادها أنه يحقّ لعباس إعلان حالة الطوارئ وإقالة الحكومة، لكن ليس تشكيل حكومة للطوارئ لا تأخذ ثقة المجلس التشريعي.

إن حقّ الرئيس عباس في إقالة الحكومة لما فيه مصلحة الشعب الفلسطيني، موجود في القانون الأساسي المعدّل، وكذلك حقّه في إعلان حالة الطوارئ عند وجود عصيان مسلح، وإن كان يحقّ للبعض الاعتراض أو على الأقل التساؤل، حول تفسير بعض المصطلحات، كـ"مصلحة الشعب الفلسطيني" و"العصيان المسلح". إذ إن إقالة الحكومة وتعيين حكومة موازية دون اللجوء إلى البرلمان سيؤدي بدون شكّ إلى زيادة هوة الانقسام في صفوف الشعب الفلسطيني، وبالتالي تنتفي مصلحة الشعب الفلسطيني. كما أن "العصيان المسلح" وإن لم يأتِ نصّ قانوني لتفسيره، فقد تمّ التعارف عليه في الوضع السياسي والقانوني على أنه عصيان من فئة من داخل إطار السلطة الحاكمة أو خارجه، تستخدم فيه هذه الفئة قدراتها للسيطرة

---

[111] وكالة معاً، 2007/6/15.

على مقاليد الأمور باستخدام جزء من القوة المحددة في المادة 3 من قانون الخدمة في قوى الأمن الفلسطينية، أو قوى تنظيمية عسكرية، أو ميليشيا خاصة[112]. لكن خصوصية أحداث غزة، تجعل من الصعب تعريفها باعتبارها "عصياناً مسلحاً" أو انقلاباً، إذ إنَّ حماس تسيطر على الحكومة ولها أغلبية أعضاء المجلس التشريعي، ثم إنَّ العصيان المسلح وإن أتى بمساعدة بعض الأطراف من خارج السلطة (كتائب القسام)، لكنه لم يكن بهدف سلب السلطة، بل لإعادتها، حسب رأي حماس، إلى من يحقّ له استلامها (الصلاحيات الأمنية التنفيذية هي من حقّ وزير الداخلية).

لكن حتى ولو ذهبنا مع أن إعلان حالة الطوارئ وإقالة الحكومة كانا مبررين للرئيس، فإن السؤال الأهم سيكون، هل يحقّ له تعيين حكومة إنفاذ حالة الطوارئ؟

من الطبيعي أنه في حالة إعلان الطوارئ المستندة إلى الدستور، تعطى الحكومة الحالية حقّ تسيير أعمال إنفاذ حالة الطوارئ. وقد برر البعض للرئيس تشكيل حكومة إنفاذ طوارئ بأن "العصيان" أتى من قبل الحكومة ذاتها، وبالتالي من غير المعقول إبقاؤها في منصبها، على الرغم من أنه بالمقابل، يمكن الردّ بأن "العصيان" لم يأتِ من "الحكومة"، حكومة الوحدة الوطنية، بل من حركة حماس، والحكومة شيء مختلف عن الحركة، كما أنها تضمّ أعضاء من تنظيمات مختلفة، وبالتالي فإن بقاء الحكومة كحكومة تسيير أعمال لا مفرّ منه في حال كانت هناك حاجة لحكومة إنفاذ أحكام الطوارئ، حتى يتمّ تشكيل حكومة جديدة تنال ثقة التشريعي.

---

112 وليد حمامي، "أحداث غزة وتنازع الصلاحيات الدستورية،" **القدس العربي**، 2007/7/10.

أما تشكيل حكومة جديدة بشكل يتجاوز نيل ثقة التشريعي فهو غير دستوري، إذ أن التشريعي سلطة لا يمكن للرئيس تجاوزها حتى في حالة الطوارئ، إذ لا يحقّ للرئيس بنصّ صريح أن يحلّ التشريعي في حالة الطوارئ، كما أنه حتى القرارات التي يحقّ له إصدارها بقوة القانون في الحالات الضرورية، يجب أن يصادق عليها التشريعي في أول جلسة يعقدها وإلا تعدّ لاغية[113].

وبناء على هذا، ذهب البعض إلى أن تشكيل حكومة إنفاذ أحكام الطوارئ هو ضرورة غير ممكنة في ظلّ الحالة الراهنة للتشريعي، وهي استحالة عقد جلسة مكتملة النصاب القانوني لإعطاء الثقة للحكومة، وبالتالي فإن عباس استخدم الصلاحية المذكورة أعلاه وألغى المواد 65 و66 و67 من القانون (وهي المواد التي تتناول عدد الوزراء وتشكيل الحكومة وعرضها على المجلس التشريعي، وقد أصدر عباس بالفعل في 2007/6/16 مرسوماً رئاسياً يضاف إلى المراسيم الثلاثة المذكورة أعلاه، يعلّق من خلاله العمل بهذه المواد الثلاث)[114] بما أنه لا يوجد نصّ صريح يمنعه من تعليقها كما في حالة منعه من حلّ البرلمان. لكن هذه الجدلية تظلّ جدلية سطحية لسببين رئيسين: أولهما: أن هذه المواد تمسّ عمل التشريعي، وتعطل دوره فيما يخصّ تشكيل الحكومة الفلسطينية، وبالتالي فما الجدوى من منعه من حلّ البرلمان إذا كان بإمكانه سحب صلاحياته. وثانيهما والأهم: أنه بناء على مثل هذه الجدلية سيمكن للرئيس الفلسطيني تعليق كل مواد القانون الأساسي أو تغييرها، باستثناء تلك المواد المعدودة التي يمنع من تغييرها صراحة، في حالة "الضرورة" هذه التي لم يتبقَّ فيها من سلطة شرعية إلا سلطته!

[113] انظر: القانون الأساسي الفلسطيني المعدل، مصدر سابق.
[114] رويترز، 2007/6/17.

وقد بررت دراسة قانونية أخرى نشرتها البيادر السياسية الفلسطينية تشكيل حكومة الطوارئ، بأن حكومة الوحدة الوطنية (حكومة هنية) فاقدة للشرعية حتى في حال لم تكن إقالتها من قِبَل عباس دستورية، وذلك بسبب فقدانها لأكثر من ثلث أعضائها (وزراء فتح والمستقلين الذين وافقوا على قرارات عباس)، حيث جاء في الفقرتين 3 و5 من المادة 83 من القانون الأساسي المعدّل أن الحكومة تعدّ مستقيلة ويعاد تشكيلها في حالات منها "أية إضافة أو تغيير أو شغور أو إقالة تشمل ثلث أعضاء مجلس الوزراء على الأقل"، أو "استقالة رئيس الوزراء أو استقالة ثلث أعضاء الحكومة على الأقل".

وتكمل الدراسة أنه بما أن أكثر من نصف أعضاء الحكومة وافقوا على قرار عباس، وسلّموا وزارتهم للوزراء الجدد فلم يعد هناك مجال لتطبيق أي تعديل وزاري حسب ما تحدده المادة (79–1/3) بأنه يعدّ تعديلاً وزارياً أي إضافة أو تغيير يطال حقيبة وزارية أو وزيراً أو أكثر من أعضاء مجلس الوزراء ما دام لم يبلغ ثلث عددهم[115].

لكن الدراسة تغاضت عن ذكر أن رئيس مجلس الوزراء هو المخول بملء الشاغر أو بالتعديل الوزاري وليس الرئيس، وعليه فإن الرئيس الذي لا يملك حتى حقّ ملء شاغر أقل من ثلث أعضاء مجلس الوزراء في حالة استقالتهم، بالطبع لن يملك حقّ تغيير الحكومة ككل دون الرجوع إلى التشريعي.

وبغض النظر عن الغموض أو النقص في القانون الأساسي الفلسطيني، والذي يتفق على وجوده جميع الخبراء القانونيين، فإنه وبناء على ما سبق، نجد أن صعوبة، أو استحالة، عقد جلسة للتشريعي

[115] **مجلة البيادر السياسي**، القدس، 2007/6/30.

حالياً بنصاب يفوق الثلثين من الأعضاء، تجعل من التوصل إلى حلٍّ بشأن الحكومة أو الصلاحيات أيضاً شبه مستحيل، مثله مثل تمديد فترة الطوارئ، التي لا يمكن لها أن تمتد لأكثر من 30 يوماً، إلا بموافقة من التشريعي بأغلبية الثلثين، إذ أن "إسرائيل" تعتقل 45 عضواً من أعضاء التشريعي البالغ مجموعهم 132 عضواً، وبحسبة بسيطة، فإن ثلثي الأعضاء أي 88 صوتاً يستحيل أن يجتمعوا أصلاً.

وإذا خلص الرئيس عباس ومستشاروه من هنا إلى مبرر جديد لتشكيل حكومة الطوارئ، ثم تكليفها كحكومة شرعية بعد انتهاء مدة الطوارئ إلى أن يتمّ إجراء انتخابات مبكرة كخلاصة وحيدة، فإن رأي القانونيين وأبرزهم واضعو الدستور الفلسطيني، اتجه إلى أن عباس تجاوز بهذه الممارسات القانون الفلسطيني، وإلى أن حكومة هنية هي حكومة تسيير الأعمال لحين تشكيل حكومة جديدة أو إجراء انتخابات مبكرة، على الرغم من تبيان عدم أحقية عباس في الدعوة إلى انتخابات تشريعية مبكرة كما أشير سابقاً.

وقد صرح أنيس القاسم الذي أشرف على وضع القانون الأساسي، والمحامي الدستوري الفلسطيني المستقل يوجين قطران، أن الوثيقة التي بدأ الإثنان صياغتها قبل أكثر من عشرة أعوام تمنح عباس صلاحية عزل هنية، لكنها لا تمنحه حقّ تعيين حكومة جديدة من دون موافقة تشريعية، ولا حقّ تعطيل مواد في القانون الأساسي لتجنيب رئيس الوزراء الجديد سلام فياض خوض عملية تصويت في البرلمان[116].

---

[116] رويترز، 2007/7/8.

وأكّد الإثنان أن القانون الأساسي ينصّ على بقاء حكومة الوحدة المقالة بقيادة هنية لتصريف الأمور لحين حصول عباس على موافقة برلمانية على الحكومة الجديدة، وهو ما أكّده أيضاً رئيس لجنة صياغة الدستور الفلسطيني ووزير العدل السابق أحمد الخالدي لصحيفة الشرق الأوسط:

> أن تحويل حكومة الطوارئ إلى حكومة تصريف أعمال غير قانوني ومخالف للدستور، ويتطلب ثقة وموافقة المجلس التشريعي، لأن القانون ينصّ على أن رئيس الوزراء المقال يبقى وأعضاء حكومته يسيرون الأعمال، لحين عرض حكومة جديدة على المجلس التشريعي [117].

وقال القاسم لوكالة رويترز: "من الواضح أنهم يبحثون عن أوهى الدفوع كي يبنوا فوقها جبلاً ويجففوا المحيط. إنهم يهدمون الأساس الذي أقيم عليه القانون الأساسي"، بينما صرّح قطران: "ما هو واضح هو [وجوب] ألا تسقط حكومة هنية خلال فترة طوارئ". كما أن ناثان براون Nathan Brown، أحد الذين قدموا المشورة للفلسطينيين والعراقيين بشأن دستوريهم، صرّح للوكالة ذاتها أن ما قام به عباس "انتهاكات واضحة. ليس من حقّه على الإطلاق تعيين حكومة طوارئ" [118].

وبحسب قطران، فإن صلاحية الرئيس بالحكم في حالة الطوارئ بموجب المراسيم لا تعني أن .بمقدوره تشكيل حكومة جديدة أو تعطيل أو تغيير الدستور. أما بخصوص نصاب المجلس التشريعي، فقد أضاف أن عباس ما زال بحاجة إلى موافقة برلمانية، وسيتعين

---

[117] المصدر نفسه؛ وانظر أيضاً: الشرق الأوسط، 2007/7/14.
[118] رويترز، 2007/7/8.

على المحكمة الدستورية أن تحسم ذلك في نهاية الأمر، ولكن ذلك يبدو غير ممكن في أي وقت قريب حيث أن المحكمة الدستورية لا تعمل[119]. كما عدّ د. عصام العابدين، المستشار القانوني لرئاسة المجلس التشريعي، أن البند السابع في القانون الفلسطيني لا يعطي الصلاحية لرئيس السلطة بتشكيل حكومة تسمى "حكومة إنفاذ أحكام حالة الطوارئ" إذ إنَّ المادة 67 من القانون الأساسي المعدّل تؤكد على أن الحصول على ثقة المجلس التشريعي هو شرط دستوري وواجب لأي حكومة، ويجب أن يسبق هذا الشرطُ أداءَ اليمين أمام رئيس السلطة الوطنية.

وتابع بالقول: "في حالة إقالة رئيس السلطة رئيس الوزراء، وهو ما حصل في إقالة الحكومة الحادي عشر بزعامة هنية. فإن الحكومة تصبح مستقيلة بحكم القانون الأساسي الفلسطيني، وتتحول بقوة القانون إلى حكومة تسيير أعمال"[120].

وكخلاصة، فإن الجدل القائم حول إعلان حالة الطوارئ، حتى لو كان غير شرعي، لم يعد هناك من داعٍ له، إذ إنَّ حالة الطوارئ تنتهي حكماً في حال لم يقم المجلس التشريعي بالمصادقة عليها، لكن سؤال الحكومة الشرعية العالقة إجابته بين حكومة هنية وحكومة فياض، يميل حسبما يظهر لصالح الأولى كـ"حكومة تسيير أعمال"، إلى أن تنال أي حكومة أخرى ثقة التشريعي.

---

[119] للمزيد من التفاصيل حول تصريحات القاسم وقطران والخالدي وبراون، انظر: **الشرق الأوسط**، 2007/7/14؛ ورويترز، 2007/7/8، نشرته **الشرق الأوسط**، 2007/7/9.

[120] جريدة **الاستقلال**، غزة، 2007/6/23.

رابعاً: صراع الصلاحيات بعد إعلان حكومة الطوارئ

كانت مرحلة الحسم إجراءً تصعيدياً كبيراً من قبل حماس، على الجانبين، السياسي والأمني. وقد تعامل الرئيس عباس معها بتصعيد مماثل لا يقل شدّةً، فكان إعلانه لحالة الطوارئ.

وقد تلا مرحلة الحسم وإعلان الطوارئ، إجراءات اتخذت من قبل الفريقين، هدفها الرئيسي إحكام كل فريق السيطرة على "قطاعه"؛ الرئيس عباس وفريقه في السلطة في الضفة، وفريق حماس في غزة.

وهكذا خرج صراع الصلاحيات من كواليس السلطة الفلسطينية ومراكز صناعة القرار إلى العلن، فصارت هناك حكومتان، وكل منهما تصدر قراراتها للموظفين، وتعيّن وترقّي وتقرّر، ولكل منها إدارة على الأجهزة الأمنية في منطقتها، مما أوجد انقساماً كبيراً بين الضفة والقطاع، زاده حدة المراسيم الرئاسية المثيرة للجدل والتي استمر الرئيس عباس في إصدارها.

وسيتمّ في هذه الفقرة تناول أبرز هذه الإجراءات على الأصعدة التي تمّ تناول صراع الصلاحيات فيها، من دون الاستفاضة في قانونية أي منها، إذ إنه قد تمّ تناولها مسبقاً.

1. حلّ البرلمان والانتخابات التشريعية المبكرة:

أصدر الرئيس الفلسطيني محمود عباس في 2007/7/5 مرسوماً بشأن دعوة المجلس التشريعي للانعقاد في دورته الثانية لسنة 2007، ونصّ المرسوم على إجراء انتخابات هيئة مكتب جديدة للمجلس بالاقتراع السري قبل إجراء أي مناقشة لأي موضوع على جدول

95

الأعمال، ورفضت حماس هذا الأمر، وقالت إنه لا يوجد نصّ في القانون الأساسي يخول الرئيس عقد دورة جديدة للتشريعي [121].

وبعد أيام، أعلنت مصادر مقربة من الرئاسة عن نية عباس إعلان حكومة فياض حكومة وطنية مؤقتة تكون مرجعيتها اللجنة التنفيذية والمجلس المركزي لمنظمة التحرير، بدلاً من المجلس التشريعي الذي يعتزم حلّه، تمهيداً لإجراء انتخابات مبكرة وفقاً لنظام القائمة النسبية، الذي يهدف لحرمان حركة حماس من الأغلبية في التشريعي، وإلى استرضاء الفصائل اليسارية المنضوية تحت مظلة منظمة التحرير، والتي تطالب، نظراً لمحدودية شعبيتها، بالنسبية لزيادة وزنها في صناعة القرار السياسي، بحيث تصبح عوامل مرجحة لا يمكن أن يستغني عنها أيٌّ من الطرفين الكبيرين؛ فتح وحماس، لتشكيل أغلبيته.

وقد علّق الدكتور أحمد بحر رئيس المجلس التشريعي بالإنابة أن "اتخاذ مثل هذا القرار هو شيء متوقع من الرئيس لأن تجاوز القانون قد بلغ ذروته عند أبي مازن، وهو بذلك سيكمل شلل التشريعي والقانون الذي شلّ من كتلة فتح وحكومة الطوارئ الغير شرعية قبل ذلك". أما بالنسبة لكيفية الردّ على مثل هذا القرار في حال اتخذ، قال بحر: "نحن كل ما نستطيع فعله هو أن نلاحق ونردّ على الرئيس عباس بالقانون، ولا أحد فوق القانون سواء عباس أم غيره"[122].

وفي 2007/7/18 اجتمع المجلس المركزي لمنظمة التحرير الفلسطينية في رام الله، حيث دعا عباس خلال كلمته المجلس إلى إصدار المراسيم الضرورية لإجراء انتخابات رئاسية وتشريعية مبكرة

[121] القدس العربي، 2007/7/6.
[122] الشبكة الإعلامية الفلسطينية، 2007/7/10.

على أساس القائمة النسبية[123]. وردّ محمود الزهار في اليوم التالي على خطاب عباس، وهدد بإفشال الانتخابات المبكرة قائلاً: "إن الشعب الفلسطيني لن يقبل بأن تجري انتخابات مبكرة هدفها الالتفاف على الشرعية الفلسطينية"[124].

وقد حصل عباس في 2007/7/19 على تفويض من المجلس المركزي لإجراء انتخابات مبكرة، وقرر المجلس أيضاً عقد دورة جديدة للمجلس الوطني، والإعداد لإجراء انتخابات جديدة لعضوية المجلس في الوطن والشتات[125].

وقد أثارت عودة الرئيس الفلسطيني محمود عباس للمجلس المركزي الكثير من الأسئلة التي تطرح في كل مرة يتم فيها اللجوء لهذا المجلس، الذي صار أداة للرئاسة الفلسطينية، بدءاً من الرئيس الراحل ياسر عرفات ثم محمود عباس. ولا يخفى على أي مراقب حالة التفكك والتهميش التي تعيشها مؤسسات منظمة التحرير الفلسطينية، والتي لم تأت مصادفة بل نتيجة سياسات هدفت إلى تعطيل دور هذه المؤسسات، ولعل آخرها تعطيل الرئيس الفلسطيني محمود عباس لقرار مؤتمر الحوار الوطني الفلسطيني، الذي عقد في القاهرة في آذار/ مارس 2005، والذي قضى بدعوة اللجنة الوطنية العليا للاجتماع خلال شهر من تاريخه، لوضع الإجراءات الضرورية لتفعيل منظمة التحرير الفلسطينية ومؤسساتها.

---

[123] الحياة، والخليج، والأخبار، والمستقبل، 2007/7/19.
[124] الأخبار، 2007/7/20.
[125] الحياة، 2007/7/20.

كما أن اختصاصات المجلس المركزي وإن كانت تتضمن البت في الأمور والقضايا العاجلة والطارئة، بما لا يتعارض وأحكام الميثاق الوطني الفلسطيني، إلا أن قراراته "يجب أن تكون منسجمة مع الميثاق الوطني والنظام الأساسي وقرارات المجلس الوطني"[126].

وقد استبعد عدد من المسؤولين الفلسطينيين أن يقوم الرئيس عباس بإجراء الانتخابات الفعلية قبل بداية سنة 2008[127]، لكن الرئيس الفلسطيني أصدر في بداية شهر أيلول/ سبتمبر 2007 مرسوماً رئاسياً جديداً عدّل بموجبه قانون الانتخابات وأبرز ما جاء فيه اشتراطه في المادة 45 في الباب السادس، وضمن شروط الترشح لعضوية المجلس، أن يلتزم المرشح بمنظمة التحرير الفلسطينية، باعتبارها الممثل الشرعي والوحيد للشعب الفلسطيني، وبوثيقة إعلان الاستقلال، وبأحكام القانون الأساسي[128]، وهو الأمر الذي انتقده رئيس المجلس التشريعي بالإنابة أحمد بحر، إذ أنه "ينطوي على تمييز واضح وصريح بين الفلسطينيين بسبب الرأي السياسي، في ممارسة حقهم الدستوري بالمشاركة في الحياة السياسية والانتخابات العامة". كما أنه وبحسب بحر، يعطي اعترافاً مجانياً لـ"إسرائيل"[129].

لكن في أواخر شهر تشرين الأول/ أكتوبر ومع بداية تشرين الثاني/ نوفمبر 2007، دار حديث عن مشروع لتعديل القانون الأساسي، يعدّه مستشارو الرئيس الفلسطيني محمود عباس،

---

[126] انظر: المجلس المركزي الفلسطيني، مركز المعلومات الوطني الفلسطيني:
http://www.pnic.gov.ps/arabic/gover/porder_2.html

[127] **الاتحاد**، 2007/10/8؛ و**عكاظ**، 2007/10/4.

[128] راجع المرسوم الرئاسي بشأن قرار بقانون الانتخابات العامة الصادر بتاريخ 2007/9/2 عن رئاسة السلطة الفلسطينية، موقع مركز المعلومات الوطني الفلسطيني، انظر:
http://www.pnic.gov.ps/arabic/law/maraseem/2007-1.html

[129] **الحياة**، 2007/9/4.

يسمح للأخير بحلّ المجلس التشريعي بحجّة أنه مؤسسة فلسطينية معطلة؛ كما يقوم المجلس المركزي الفلسطيني بأخذ دور المجلس التشريعي في إقرار القوانين، مستندين قانونياً في هذا إلى أن "السلطة التي أجرت انتخابات المجلس التشريعي هي جزء من منظمة التحرير وإحدى مؤسساتها... وأن النظام الأساسي الحالي للسلطة لا يعطي الرئيس الحق في حلّ المجلس التشريعي، لكن يعطيه الحق في حل أية مؤسسة معطلة"[130]، وقد ردّ وكيل وزارة العدل في الحكومة المقالة عمر البرش في بيان صحفي مكتوب أن تعديل أحكام القانون الأساسي الفلسطيني لا يتم إلا بموافقة أغلبية ثلثي أعضاء المجلس وأن "التشريعي في حالة انعقاد حسب النظام الداخلي والقانون، بالرغم من محاولات إفشال منظمة لجلساته"[131].

2. الإدارات والمؤسسات:

كانت إدارات ومؤسسات السلطة الفلسطينية ضحية لهذا الصراع، الذي تجسد عبر عدة قرارات وممارسات اتخذت بعد مرحلة الحسم، خاصة من قبل الرئيس الفلسطيني محمود عباس وحكومة سلام فيّاض، وإن كان لحكومة هنية المقالة أيضاً ممارسات بهذا الخصوص.

ولعل أبرز ما تم اتخاذه بهذا الخصوص، قرار رئاسي يقضي بسحب كافة القرارات الرئاسية الصادرة في الفترة من 2007/3/7 إلى 2007/4/15، أي خلال فترة حكومة الوحدة الوطنية، وما يتعلق بها من تعيين وترقية وترفيع، وانتقال لموظفي الوزارات والإدارات

---

130 راجع مثلاً: **الخليج**، 2007/10/23؛ و**الدستور**، 2007/10/26؛ و**القدس العربي**، 2007/11/5.

131 **الدستور**، 2007/11/9.

والهيئات الحكومية، وصلاحيات وامتيازات ممنوحة بحكمها[132]؛ وقرار حكومة فياض إلغاء كافة مراسيم وقرارات الشراكة التي تم توقيعها بعد اتفاق مكة[133]. وقد رفضت حكومة هنية المقالة الخطوتين وعدّت الأولى باطلة قانونياً[134]، وعدّت الثانية نوعاً من التنكر لحماس ولكافة الدول التي رعت هذه الاتفاقيات والشراكات[135].

أما على الصعيد الفعلي، فقد بادرت حكومة فيّاض والرئيس عباس، وفي إطار الرد على حسم حماس العسكري في غزة إلى إغلاق عدد من المؤسسات في قطاع غزة أو تعطيل شرعيتها إما مباشرة وإما عبر اجراءات التفافية، كان أبرزها قرار الرئيس الفلسطيني القاضي بتغيير جوازات السفر المعتمدة للسلطة الفلسطينية[136]، وإعفاؤه أبناء قطاع غزة من دفع الضرائب والرسوم[137]؛ وقرار حكومة فياض عدم اعتماد شهادات الثانوية العامة الصادرة عن قطاع غزة للعام الدراسي المنصرم 2006–2007[138]؛ وقرارها كذلك بالتعليق المؤقت لعمل كافة الدوائر العامة والمكاتب الفرعية لوزارة الاتصالات في قطاع غزة[139]، وقرار وزير النقل والمواصلات في حكومة فيّاض بإغلاق جميع دوائر الترخيص في قطاع غزة، واعتبار كل أعمال جباية الرسوم التي تتم هناك باطلة[140]؛ ودعوة وزير الإعلام في حكومة فيّاض

---

132 **الخليج**، 2007/8/18.

133 **المستقبل**، 2007/8/16.

134 جريدة **الرأي**، عمّان، 2007/8/17.

135 **المستقبل**، 2007/8/16.

136 وكالة الأنباء الأردنية (بترا)، 2007/6/20.

137 **الأيام**، فلسطين، 2007/6/26.

138 **الحياة**، 2007/8/3.

139 **الخليج**، 2007/8/21.

140 **الحياة الجديدة**، 2007/8/29.

سكان قطاع غزة إلى التظاهر لتحميل حماس مسؤولية انقطاع التيار الكهربائي بدعوى، تأكد عدم صحتها، مفادها أن حماس تقوم بجباية واردات شركة الكهرباء في القطاع[141]؛ وكذلك قرار حكومة فيّاض تعليق العمل في الهيئة العامة للمدن الصناعية بقطاع غزة[142]؛ وإغلاقها لمقر وزارة الإعلام في القطاع[143]؛ وتعليقها العمل في جميع إدارات الخدمات الطبية العسكرية في القطاع أيضاً[144].

وعلى صعيد الرواتب، فقد أعلنت حكومة الطوارئ في 2007/7/2 أنها ستدفع رواتب العاملين في القطاع العام لمدة ستة أشهر ابتداء من شهر تموز/ يوليو، باستثناء 31 ألف موظف كانت قد أصدرت قراراً ينصّ على إلغاء عقودهم، وشمل القرار كافة العقود التي أبرمتها الحكومات السابقة منذ أواخر كانون الأول/ ديسمبر 2005[145]. كما هددت حكومة فيّاض بفصل كافة الموظفين في قطاع غزة الذين لا يلتزمون بـ"الشرعية" بعد أن كانت اكتفت في وقت سابق بقطع رواتبهم[146]. واتهم باسم نعيم، وزير الصحة في حكومة هنية المقالة، حكومة فياض بابتزاز موظفي الوزارة في غزة ودفعهم للتخلي عن مواقع عملهم، حتى لو أدى هذا إلى تعطيل سير العمل وحياة المواطنين[147].

---

141 **الحياة**، 2007/8/20.

142 **الأيام**، فلسطين، 2007/10/2.

143 **الخليج**، 2007/10/17.

144 **الحياة الجديدة**، 2007/10/30.

145 **الأيام**، فلسطين، و**البيان**، 2007/7/3؛ و**الخليج**، 2007/7/5.

146 **الأيام**، فلسطين، 2007/8/28.

147 **الأيام**، فلسطين، 2007/8/22.

كما كشف رئيس المجلس التشريعي بالإنابة أحمد بحر أن المسؤولين في رام الله قاموا بقطع رواتب 21 نائباً من قائمة التغيير والإصلاح، و36 من موظفي المجلس التشريعي بغزة[148]؛ وهو الأمر الذي نفاه أولاً وزير الإعلام في حكومة فياض[149]، لكنه عاد وتأكد بقرار من الحكومة شمل إيقاف رواتب النواب. وكذلك إعادة تشكيل لجان الزكاة في الضفة الغربية على مستوى الرئاسة والأعضاء، وإعادة تعيين أئمة المساجد، حيث كان لحماس دور بارز وفعال في هذه اللجان[150]. وفي الإطار ذاته، فقد اشتكى أسرى حماس في سجن إيشل Eshel Prison الإسرائيلي من قطع مخصصاتهم (الكانتين[151]) وهي التي بالكاد تكفيهم لشراء متطلبات الحياة اليومية من طعام ومستلزمات صحية[152]. كما جاء قرار حل أكثر من مائة جمعية خيرية في الضفة الغربية، وإصدار الرئيس الفلسطيني لمرسوم حلّ الجمعيات ومؤسسات المجتمع المدني[153]. وصدر قانون مكافحة غسيل الأموال، في إطار التضييق على حركة حماس في الضفة الغربية، وهذا القانون وإن كان لا يدخل في إطار صراع الصلاحيات إلا أنه يبرز سوء الاستغلال من قبل فريق في السلطة للصلاحيات؛ بحيث أن المتضرر الأكبر في النهاية هو المواطن الفلسطيني، موظفاً أو معتمداً على خدمات الدولة الصحية والمساعدات من قبل الجمعيات الخيرية.

---

[148] **الخليج**، 2007/9/17؛ والمركز الفلسطيني للإعلام، 2007/9/16.

[149] **الحياة الجديدة**، 2007/9/17.

[150] **الحياة**، 2007/9/18.

[151] مكان مخصص لبيع احتياجات السجناء.

[152] **القدس العربي**، 2007/9/20.

[153] محمد يوسف، "مراسيم عبّاس،" إخوان أون لاين، 2007/6/30.

أما حكومة هنية المقالة، فقد اتخذت أيضاً عدة إجراءات في قطاع غزة بخصوص الإدارات والمؤسسات الرسمية؛ فقررت مثلاً وزارة الصحة في حكومة هنية إغلاق العيادات الخاصة للأطباء المضربين عن العمل، إثر اعتقال مسؤول كبير في وزارة الصحة موالٍ لفتح[154]؛ وقررت منع من لا يحمل بطاقتها الصحافية من العمل[155]؛ أما القرارات الأبرز فكانت الإجراءات التي تم اتخاذها في الجانب القانوني والقضائي، إذ أقيل النائب العام أحمد المغني من منصبه وتم إلغاء كافة صلاحياته[156]، وقامت حكومة هنية بتعيين وكلاء نيابة ومعاونين جدد، نتيجة رفض الوكلاء السابقين ومعاونيهم التعاون مع جهاز الشرطة الفلسطينية في القطاع بخصوص الجرائم التي تقع[157]. كما أعلنت الحكومة في أوائل شهر أيلول/ سبتمبر أنها بصدد تعيين قضاة جدد في قطاع غزة[158]. وفي 2007/9/20 أعلنت حكومة هنية تشكيل مجلس العدل الأعلى، لضبط وتفعيل القضاء وتطبيق القانون في قطاع غزة، وقالت إن هذا القرار جاء بعد فشل كل المحاولات للتعاون مع رئيس مجلس القضاء الأعلى عيسى أبو شرار لوقف استنكاف القضاة والمحاكم عن العمل[159]، مما أدى إلى انقسام جديد، هذه المرة في السلطة القضائية للسلطة الفلسطينية.

كما شملت ممارسات كل من حكومة فيّاض وحكومة هنية المقالة إجراءات ضد المؤسسات الإعلامية ذات التوجهات المضادة، فقامت

---

[154] **الخليج**، 2007/8/28.

[155] **القدس العربي**، 2007/11/15.

[156] **الخليج**، 2007/8/16.

[157] **الخليج**، 2007/8/27.

[158] **الخليج**، 2007/9/11.

[159] **الشرق الأوسط**، 2007/9/21.

الأولى بحظر "إعلام حماس لتحريضه على القتل والكراهية" بما يشمل صحيفة فلسطين اليومية والرسالة الأسبوعية وفضائية الأقصى وإذاعتها[160]؛ وقامت الأخرى بمنع بث برنامج حواري أسبوعي من غزة على تلفزيون فلسطين إذ إنَّ الأخير وبحسب حكومة هنية المقالة "مؤسسة متوقفة عن العمل وخاضعة للحل السياسي المرتقب بين الرئاسة والحكومة الفلسطينية"[161].

3. الأجهزة الأمنية والقوة التنفيذية:

بعد أحداث غزة، تجذّر إلى جانب الانقسام السياسي بين الضفة وغزة انقسام في الأجهزة الأمنية، فقد أصدر هنية قراراً بتشكيل مجلس أعلى للشرطة في غزة[162]، وأصدر قراراً بوقف أبو شباك عن عمله مديراً عاماً للأمن الداخلي[163] (عيّن عباس لاحقاً جبريل الرجوب في هذا المنصب)، وتمّ استيعاب عدد إضافي كبير للقوة التنفيذية بالإضافة لعدد آخر من عناصر الشرطة، يقدرون بحوالي ألفي عنصر[164]. كما قامت حكومة هنية بحلّ جهاز الأمن الوقائي، وأتاحت الفرصة للعاملين فيه للالتحاق بجهاز الشرطة، وشرعت في إنشاء جهاز أمني جديد بديل عنه، تكون مهمته الأساسية جمع المعلومات الأمنية ورصدها وتوثيقها[165]. كما تم تشكيل قوة بحرية تابعة للقوة التنفيذية لحماية شواطئ غزة[166]. وفي أواخر شهر آب/ أغسطس 2007 أعلن ناطق باسم حكومة الوحدة الفلسطينية المقالة عن البدء بدمج عناصر القوة

---

[160] **الخليج**، 2007/8/28.
[161] **القدس العربي**، 2007/8/2.
[162] **الشرق الأوسط**، 2007/6/17.
[163] وكالة قدس برس إنترناشيونال، لندن، 2007/6/17.
[164] **الوطن**، السعودية، 2007/6/21.
[165] **الأيام**، فلسطين، 17–2007/7/19.
[166] **الشرق الأوسط**، 2007/8/10.

التنفيذية في جهاز الشرطة[167]، وفي أوائل شهر تشرين الأول/ أكتوبر أعلنت وزارة الداخلية في الحكومة ذاتها عن الانتهاء من دمج أفراد هذه القوة في جهاز الشرطة، بحيث أصبح عدد الأجهزة الأمنية التابعة لها خمسة، وهي: جهاز الشرطة، ودائرة الأمن الداخلي، وجهاز أمن وحماية الشخصيات، وجهاز الدفاع المدني، وجهاز الأمن الوطني[168].

أما من ناحية الرئيس الفلسطيني محمود عباس، فكان أبرز ما أصدره بعد أحداث غزة بخصوص الأجهزة الأمنية أربعة مراسيم، وهي: مرسوم حلّ القوة التنفيذية[169]، ومرسوم للشرطة الفلسطينية لرفض إطاعة "الانقلابيين" في غزة، ومرسوم إقالة قادة الأجهزة الأمنية في غزة الموالين لعباس، والذين فشلوا في التصدي لكتائب القسام، ومرسوم حلّ لجنة الأمن القومي[170].

وقد ذكر هاني الحسن، عضو اللجنة المركزية لحركة فتح، أن الرئيس الفلسطيني محمود عباس أنزل عقوبات بحوالي 250 عسكرياً من كبار القادة العسكريين لفتح، بعد الأحداث الأخيرة في غزة، لأنهم رفضوا أن يرفعوا السلاح في وجه أشقائهم في حماس، بدلاً من أن يعاقب المسؤول الرئيسي عما حصل وهو دحلان، الذي اتهمه الحسن أيضاً بتنفيذ خطط دايتون[171]، فما كان من عباس إلا أن أقال هاني الحسن في 2007/7/3، من منصبه ككبير مستشاريه[172].

---

[167] الحياة، 2007/8/24.

[168] القدس العربي، 2007/10/3.

[169] المرسوم يعدّ القوة التنفيذية و"ميليشيات حماس" خارجة عن القانون، الأهرام، 2007/6/18.

[170] محمد يوسف، مصدر سابق.

[171] الجزيرة نت، 2007/7/2؛ والخليج، 2007/7/4.

[172] الحياة، 2007/7/4.

كما قامت حكومة سلام فيّاض باتخاذ عدة قرارات على الصعيد الأمني، لإثبات كفاءتها في هذا المجال، فبدأت بتنفيذ خطة لتقليص حجم قوات الأمن بواقع الثلث وإعادة هيكلة القوات الأمنية المختلفة[173]، كما أقرت لاحقاً مشروع قانون لجهاز الأمن الوقائي[174]، وبدأت عملية لإعادة نشر قواتها في الضفة الغربية بشكل أوسع، وبتنسيق مع الإسرائيليين وبرعاية أمريكية، تمهيداً لاستلامها المسؤولية الأمنية عن الضفة الغربية بشكل كامل، والتي تتوقع المصادر الأمنية الفلسطينية أن تتم عقب الانتهاء من مؤتمر أنابوليس للسلام[175] Annapolis Peace Conference.

وعلى الصعيد الإداري، فقد امتدت أزمة الرواتب وتنازع الصلاحيات بين الحكومتين لتشمل الجهاز الأمني أيضاً، إلا أن "خطأ" أدى في بداية شهر آب/ أغسطس 2007 لصرف رواتب نحو 3,500 عنصر من القوة التنفيذية من قبل حكومة فياض، مما استدعى تشكيل الأخيرة للجنة فنية للتحقيق فيه[176]. وفي 2007/8/20 اعتقلت القوة التنفيذية المدير العام للبنك الإسلامي الفلسطيني في قطاع غزة بتهمة "تنفيذ أوامر حكومة سلام فياض بخصوص وقف صرف الرواتب، التي حوّلت خطأ لأعضاء القوة التنفيذية"؛ وتم التحقيق معه بهذا الخصوص[177].

كما قطعت حكومة فياض رواتب كل العسكريين الذين أبدوا تعاوناً مع حكومة هنية في قطاع غزة، ومن الأمثلة البارزة ما نشرته

---

[173] البيان، 2007/10/26؛ ورويترز، 2007/10/25.

[174] الأيام، فلسطين، 2007/10/30.

[175] القدس العربي، 2007/11/16.

[176] راجع: القدس العربي، 2007/8/9؛ والأخبار، والخليج، 2007/8/10.

[177] الحياة، 2007/8/22.

وكالة قدس برس عن قطع راتب المقدم مبارك الحسنات، الذي اغتالته القوات الإسرائيلية أواخر شهر تشرين الأول/ أكتوبر2007، من قبل حكومة فياض لتعاونه مع حكومة هنية المقالة[178]. كما ذكرت بعض المصادر أن حكومة فيّاض قد استثنت 17 ألف موظف عسكري في قطاع غزة، من الأجهزة الأمنية التابعة لها، من موازنة 2008 التي أعدتها لإقرارها، معتبرة إياهم موظفين طارئين غير رسميين[179].

أما على صعيد ممارسات كل من الأجهزة الأمنية والقوة التنفيذية، فقد حصلت انتهاكات من قبل الطرفين للعديد من الحقوق والحريات. فقد أفادت الهيئة الفلسطينية المستقلة لحقوق المواطن أنه إثر صدور المرسوم الرئاسي الخاص بإعلان حالة الطوارىء، بدأت عمليات اعتقال بحق مواطنين في الضفة الغربية، ورصدت الهيئة انتهاكات بحقّ بعض المواطنين وتعرضهم للضرب والتعذيب في أثناء الاعتقال والتحقيق، منبّهةً إلى أن القانون الأساسي لا يجيز في حالة الطوارىء اعتقال أحد من المواطنين إلا بمذكرة من الضابطة القضائية، وهو ما لم يتوفر في عمليات الاعتقال في الضفة الغربية. وعلى الرغم من أن المادة 12من القانون الأساسي تنصّ على أنه يجب مراجعة أي توقيف من قبل النائب العام أو المحكمة المختصة خلال مدة لا تتجاوز 15 يوماً، إلا أن عدداً كبيراً من المعتقلين ما زالوا في سجون السلطة دون عرضهم على المحكمة، أو أن يوجه إليهم اتهام، على الرغم من مرور المدة القانونية المسموح بها. وقد شاركت كتائب شهداء الأقصى بالإعتقال إلى جانب قوات حرس الرئاسة في مخالفة صريحة

[178] قدس برس، 2007/10/24.

[179] جريدة **فلسطين**، 2007/11/14.

للقانون الأساسي[180]. كما أصدر المركز الفلسطيني لحقوق الإنسان عدة بيانات أشار فيها إلى الانتهاكات المستمرة التي تحصل في الضفة الغربية من قبل الأجهزة الأمنية عبر الاعتقالات والتعذيب، ورفض تنفيذ بعض القرارات القاضية بالإفراج عن بعض المعتقلين[181].

وفي غزة، تعرضت القوة التنفيذية للصحافيين وصادرت آلات تصوير وأشرطة مصورة، ومنعت عدداً من المسيرات الاحتجاجية لأنصار حركة فتح، بعضها بالقوة، وهي الممارسات التي رفضتها نقابة الصحافيين، كما رفضها الإعلاميون وفصائل منظمة التحرير وأدانتها، لانتهاكها حقوق حرية الرأي والتعبير[182]. كما اتهم المركز الفلسطيني لحقوق الإنسان القوة التنفيذية بتعذيب المعتقلين من أنصار حركة فتح[183]. وقد اعترف القائد العام للقوة التنفيذية في قطاع غزة العقيد جمال الجراح بحصول "بعض التجاوزات في عمل القوة الميداني"؛ وأشار إلى حرص القوة على معالجتها ومحاسبة مرتكبيها[184]، كما قامت حكومة هنية المقالة بالاعتذار إلى الصحافيين المعتدى عليهم[185].

---

[180] الهيئة الفلسطينية المستقلة لحقوق المواطن، انظر:

http://www.piccr.org/dmdocuments/PICCR/SpecialReports/e3te--qalat54.pdf

[181] راجع البيانات الصحفية التي أصدرها المركز الفلسطيني لحقوق الإنسان منذ مرحلة الحسم وحتى أواخر شهر تشرين الثاني/ نوفمبر 2007 من موقع المركز:

http://www.pchrgaza.org/files/PressR/arabic/2007/press2007.html

[182] الحياة، 2007/8/14.

[183] انظر: البيانات الصحفية للمركز الفلسطيني لحقوق الإنسان عن موقعه، مصدر سابق.

[184] الخليج، 2007/8/20.

[185] الحياة، 2007/9/11.

كان من ضمن الوثائق التي كشفتها حماس وثائق تضع علامات استفهام كبيرة على حجم الممارسات غير القانونية التي كانت تقوم بها الأجهزة الأمنية السابقة، وفيها التنصت على الناس دون مراعاة الضوابط القانونية، بما في ذلك القيادات والبعثات الدبلوماسية، و"التنسيق الأمني" مع "إسرائيل" بما يشمل نقل معلومات عن المقاومين ورصد تحركاتهم، بل والعمل لصالح مخابرات دول خارجية، وتهريب المخدرات المضبوطة، واستعمال الدولارات المزورة، وخطف الأجانب.

4. المعابر:

في 2007/7/9، أعلنت حكومة الطوارئ قبولها عرضاً إسرائيلياً مصرياً باستخدام معبر كرم أبو سالم الخاضع للسيطرة الإسرائيلية[186]، من أجل عبور الفلسطينيين العالقين على معبر رفح الذي أغلق منذ أحداث غزة، حيث سيطرت القوة التنفيذية على معبر رفح الحدودي وجميع النقاط الحدودية في ممر "فيلادلفيا" من ناحية الأراضي الفلسطينية.

وذكرت صحيفة هآرتس في 2007/7/18 أن عباس وبعض المقربين منه طلبوا من الحكومة الإسرائيلية ومن مصر عدم فتح معبر رفح[187]، في أعقاب سيطرة حركة حماس على غزة، وهو ما نفاه المتحدث باسم الرئاسة نبيل أبو ردينة[188].

كما نشر المركز الفلسطيني للإعلام أوائل شهر تشرين الأول/ أكتوبر 2007 بياناً صحفياً من وزارة الصحة في حكومة هنية المقالة يتهم

---

[186] البيان، والحياة، 2007/7/10.

[187] جريدة هآرتس، إسرائيل، 2007/7/18.

[188] الأخبار، 2007/7/19.

حكومة فيّاض بـ"التآمر على منع إدخال كميات من المساعدات الغذائية تقدر بـ 4,500 طن لأهالي القطاع، عبر معبر كرم أبو سالم"[189].

5. فصائل المقاومة وسلاحها:

أصدر الرئيس الفلسطيني محمود عباس في 2007/6/26 مرسوماً حلّ بموجبه كافة ما سمّاه "الميلشيات المسلحة" في الضفة وغزة[190]، وهو ما يعني عملياً استهداف الأذرع المسلحة لفصائل المقاومة، وخصوصاً حماس، التي تعرضت عناصرها لملاحقات أمنية مُضنية من السلطة. وفي 2007/7/14 أعلن زكريا الزبيدي قائد كتائب شهداء الأقصى في الضفة أن مقاتلي الكتائب وقعوا على تعهد بوقف الهجمات ضدّ "إسرائيل"، كما أعلنت "إسرائيل" عن توقف ملاحقتهم[191].

وبعد أيام، كشف صائب عريقات عقب لقاء جمع عباس وأولمرت في القدس، عن وجود لجنة خاصة فلسطينية – إسرائيلية تبحث في إعادة الأوضاع إلى ما كانت عليه قبل الانتفاضة، وقال إن اللجنة، التي يرأسها من الجانب الفلسطيني وزير الداخلية اللواء عبد الرزاق اليحيى، بدأت بملف ناشطي الانتفاضة "المطلوبين"[192].

6. القوات الدولية وقرارات الأمم المتحدة:

قام الرئيس الفلسطيني محمود عباس خلال زيارته إلى فرنسا في 2007/6/29 بطلب استقدام قوات دولية، وذلك لنيته إجراء انتخابات

---

189 المركز الفلسطيني للإعلام، 2007/10/2.
190 وكالة معاً، 2007/6/26.
191 **الحياة الجديدة**، 2007/7/15.
192 **الحياة**، والأخبار، 2007/7/17.

تشريعية ورئاسية[193]. فردّت حكومة هنية المقالة بالرفض، وعدّ الناطق باسم الحكومة غازي حمد أنه من الـ"خطر تدويل القضية الفلسطينية من خلال القوات الدولية"، متسائلاً: "ماذا ستكون مهمة هذه القوات في الساحة الفلسطينية التي تتميز بالتعقيد، وما تزال مليئة بالرؤى والخيارات، وتقوم على العمل السياسي والمقاومة؟"[194].

ولاحقاً صرحت مصادر أمريكية أن حكومة بوش قد التقطت دعوة محمود عباس بنشر قوات دولية في غزة والضفة، لتعيد الترويج لخطّة أمريكية سابقة، كانت قد طُرحت في الأساس لإيجاد قوة حفظ سلام، تقوم بدور أمني لإنهاء المقاومة الفلسطينية المسلحة ضدّ "إسرائيل"، وقد حثت رايس عباس على مواصلة الترويج لخطّة استقدام قوات دولية[195].

إلا أن المتحدث باسم الخارجية الأمريكية شون ماكورماك Sean McCormack شكّك في 2007/7/10 في احتمال إرسال قوات دولية، وقال: "لست متأكداً من أننا سنجد الكثير من الجيوش الراغبة بالمشاركة، وسط بيئة يفترض ألا تكون متفهمة كثيراً"، لوجود هذه القوات، وأضاف: "من الأفضل تكثيف الجهود على تدريب أجهزة أمنية فلسطينية فاعلة وقادرة ومسؤولة، تكون قادرة على العمل في الضفة الغربية وقطاع غزة"[196].

---

193 **الأيام**، فلسطين، 2007/6/30.
194 **الخليج**، 2007/7/1.
195 **الدستور**، 2007/7/1؛ و**الأخبار**، 2007/7/2.
196 **الأيام**، فلسطين، 2007/7/11.

لكن بعداً دولياً آخر دخل الصراع بعد مرحلة الحسم، في أروقة الأمم المتحدة بين السلطتين الفلسطينيتين، الفتحاوية والحمساوية، وإن كان الممثل الفعلي الوحيد للسلطة الفلسطينية في الأمم المتحدة هو رياض منصور، وهو في خانة الأولى. ففي أواخر شهر تموز/يوليو 2007 أفشل سفير فلسطين لدى الأمم المتحدة، بدعم من "إسرائيل" والدول الكبرى، مشروع قرار تقدمت به قطر للإعلان عن غزة "منطقة منكوبة إنسانياً". وقد نقلت صحيفة معاريف عن الرئيس عباس قوله: "لن أسمح لحماس بموطئ قدم في العالم من خلال إنجازات في مجلس الأمن". كما ذكرت الصحيفة ذاتها أن عباس طالب بدفع القطاع إلى أزمة إنسانية حقيقية، لإلقاء الذنب على حماس، وأن السفيرين الفلسطيني والإسرائيلي في الأمم المتحدة "عملا معاً على منع تمرير القرار المعادي لإسرائيل"[197].

ومع بداية شهر تشرين الثاني/ نوفمبر 2007 عاد الصراع مجدداً إلى أروقة الأمم المتحدة، مع تقديم بعثة فلسطين لدى الأمم المتحدة لمشروع قرار يصف حماس بالميليشيات المسلحة الخارجة عن القانون، ويطالب بإعادة الأوضاع إلى ما كانت عليه في غزة قبل تمكن حماس من السيطرة على القطاع. وقد أثار هذا المشروع تحفظ عدد من الدول العربية واعتراض عدد آخر. وقد تم لاحقاً تعديل الصياغة من "استيلاء ميليشيات خارجة عن القانون" إلى "الاستيلاء غير القانوني" على مؤسسات السلطة[198].

---

[197] راجع: **الخليج**، 2007/8/2، نقلاً عن جريدة **معاريف**، إسرائيل، 2007/8/1.

[198] **السفير**، 2007/11/8؛ وانظر أيضاً: الجزيرة نت، 2007/11/11، حيث تم نشر وثائق حصلت عليها الجزيرة بهذا الشأن، وتشمل رسالة رسمية من البعثة الفلسطينية في الأمم المتحدة وأخرى من ممثل الجامعة العربية لبعض المندوبين العرب:
http://www.aljazeera.net

وقد أدانت حكومة هنية والمجلس التشريعي هذا المشروع، وعدّاه تصرفاً غير مسؤول، وذهب البعض إلى حد المطالبة بمحاكمة رياض منصور باعتباره "مرتكباً لجريمة الخيانة"[199]، مما استدعى رد وزارة الشؤون الخارجية في حكومة فياض لاستنكار "الحملة الظالمة التي تشنها الأطراف المشبوهة ضد بعثة فلسطين لدى الأمم المتحدة"[200].

---

[199] الحياة، 2007/11/9.

[200] عرب 48، 2007/11/11.

الخاتمة

لم يظهر صراع الصلاحيات بمجرد وصول حماس للسلطة، لكنه مع وصولها أصبح صراعاً يعطل سير النظام الفلسطيني، إذ بعدما كان صراع الصلاحيات صراع مصالح بين قادة فتح، أصبح صراعاً ذا أبعاد أعمق، صراع برامج وعناوين، صراع تسوية ودعم دولي مقابل مقاومة وإصلاح وشرعية شعبية؛ كما أنه تحول وبعد مرحلة الحسم إلى عملية تُجذر الانقسام الجغرافي بين الضفة والقطاع، وتتبعه بانقسام سياسي في المؤسسات والإدارات، الخدماتية والعسكرية والقضائية؛ وهو ما أوجد أيضاً أزمة لا تبدو نهايتها قريبة إلا بعودة الفريقين إلى الحوار، والتركيز على الوضع الداخلي، وإعادة اللُّحمة للمشروع الوطني الفلسطيني.

وليست الخلاصة من هذه الدراسة تبيان أحقية موقف فئة لذاته في صراع الصلاحيات، بقدر ما هي تسليط الضوء على صراع الصلاحيات كتجربة، لكونها الأولى من نوعها لسلطة فلسطينية "غير فتحاوية"، والصعوبات التي واجهتها من اعتساف في استخدام الصلاحيات، وانحياز في الدعم عربياً و دولياً وفق اعتبارات سياسية، وليس وفق اعتبارات قانونية. وإن كل الأطراف الفلسطينية الحقّة، خاسرة في صراع المتضرر الأكبر منه هو المواطن الفلسطيني والقضية الفلسطينية، وحلم بناء دولة مؤسسات سليمة. وإن أقل ما نخلص إليه بهذا الخصوص هو تأكيد ضرورة رجوع الأطراف، الفلسطينية والعربية والدولية، إلى مبادئ استيعاب الشراكة والتداول السلمي للسلطة، واحترام القوانين والمؤسسات ووضع المصلحة العليا للوطن فوق أي اعتبار سياسي أو حزبي.

وعلى الرغم من أنه كانت هناك عدة مبادرات للمصالحة والتسوية بين الفريقين، إلا أنها حتى كتابة هذا البحث، قد باءت جميعها بالفشل، وطغى على المشهد الفلسطيني الداخلي انشغال الرئيس الفلسطيني محمود عباس وحكومة سلام فياض بمؤتمر أنابوليس، وسعيهما لكسب الوقت لتقوية وضعهم في الضفة الغربية، وزيادة الضغط على حماس في قطاع غزة.

لكن مجرد الذهاب إلى هذا المؤتمر في ظل هذه الحالة من الانقسام، يعني تمثيل طرف واحد دون الآخرين، للمفاوضة على حقوق شعب بأكمله، وتجاهلٌ لشرخ حقيقي حاصل في الجسم الفلسطيني؛ هذا فضلاً عن الحاجة الملحة لتفعيل منظمة التحرير الفلسطينية، وإعادة بناء مؤسساتها، على أسس وطنية، تستوعب جميع مكونات الشعب الفلسطيني، وتمثله تمثيلاً حقيقياً.

إصدارات مركز الزيتونة للدراسات والاستشارات

1. محسن صالح وبشير نافع، محرران، التقرير الاستراتيجي الفلسطيني لسنة 2005.

2. محسن صالح ووائل سعد، محرران، مختارات من الوثائق الفلسطينية لسنة 2005.

3. وائل سعد، الحصار: دراسة حول حصار الشعب الفلسطيني ومحاولات إسقاط حكومة حماس.

4. Mohsen Saleh and Basheer Nafi, editors, *The Palestinian Strategic Report 2005* .

5. Muhammad Arif Zakaullah, *Religion and Politics in America: The Rise of Christian Evangelists and their Impact* .

6. محمد عارف زكاء الله، الدين والسياسة في أميركا: صعود المسيحيين الإنجيليين وأثرهم، ترجمة: أمل عيتاني.

7. أحمد سعيد نوفل، دور إسرائيل في تفتيت الوطن العربي.

8. محسن صالح، محرر، التقرير الاستراتيجي الفلسطيني لسنة 2006.

9. محسن صالح، محرر، منظمة التحرير الفلسطينية: تقييم التجربة وإعادة البناء.

10. محسن صالح، محرر، قراءات نقدية في تجربة حماس وحكومتها 2006-2007.

11. خالد وليد محمود، آفاق الأمن الإسرائيلي: الواقع والمستقبل.

12. عباس إسماعيل، عنصرية إسرائيل، سلسلة أولست إنساناً (1).

13. وائل سعد وحسن ابحيص، **التطورات الأمنية في السلطة الفلسطينية 2006–2007**، ملف الأمن في السلطة الفلسطينية (1).

14. نجوى حساوي، **حقوق اللاجئين الفلسطينيين بين الشرعية الدولية والمفاوضات الفلسطينية – الإسرائيلية**.

إصدارات تحت الطبع:

15. حسن ابحيص وآخرون، **صراع الإرادات: السلوك الأمني لفتح وحماس والأطراف المعنية 2006–2007**، ملف الأمن في السلطة الفلسطينية(2).

16. Mohsen Saleh, editor, *The Palestinian Strategic Report 2006* .

17. محسن صالح، محرر، **اللاجئون الفلسطينيون في لبنان**.

18. محسن صالح، محرر، **آفاق مشروعي المقاومة والتسوية لحل القضية الفلسطينية**.

19. محسن صالح ووائل سعد، محرران، **الوثائق الفلسطينية لسنة 2006**.

20. سامي الصلاحات وحسن ابحيص، **المرأة الفلسطينية**، سلسلة أولست إنساناً (2).

21. أحمد الحيلة، **الطفل الفلسطيني**، سلسلة أولست إنساناً (3).

22. ياسر علي، **مذابح ومجازر وشهداء**، سلسلة أولست إنساناً (4).

23. فراس أبو هلال، **الأسرى والمعتقلون الفلسطينيون**، سلسلة أولست إنساناً (5).

Printed in the United States
By Bookmasters